I0758605

ATENTA

MANUAL DE AUTOPROTECCIÓN
INTEGRAL PARA MUJERES

DANIEL ZETINA

INFINITA

Atenta
Manual de autoprotección integral para mujeres

Primera edición, Serie Armonía, julio de 2018
Segunda edición, INFINITA, octubre de 2019
Tercera edición, INFINITA, febrero de 2021
Versión para AMAZON, marzo de 2021

© Daniel Zetina

ISBN 9798729932054

*Las mujeres tienen miedo a sentirse fuertes, poderosas
y valientes. No hay nada de malo en estar asustada;
no se trata de la ausencia de miedo, sino de enfrentarlo*

EMMA WATSON

*Todas las desgracias del mundo provienen del olvido
y el desprecio que hasta hoy se ha hecho de los derechos
naturales e imprescindibles de ser mujer*

FLORA TRISTÁN

Para mi hija Antonia
Para mis sobrinas Fernanda, Regina, Itzel y María José
Para Ximena HM y Regina MM
Para mis hermanas Blanca, Carmen y Liliana
Para mi amiga Ana Gutiérrez
Para Kenia Contreras, por si un día la vuelvo a encontrar

Aclaración

Te lo escribo a ti, mujer, sin distinción de raza, edad, credo, preferencia sexual, oficio o vicio. Tampoco importa dónde vivas o en qué condiciones: casa, hogar, vecindad, condominio, departamento, vivienda, cuarto, local, choza, de roomie.

Mujeres son mujeres es un general, todas.

Admiro a las mujeres, como puedo admirar a los hombres y a otras denominaciones. Admiro a las personas, pero sucede que de las mujeres he aprendido casi todo lo que sé y gracias a ellas he hecho de mí lo que soy.

La historia comenzó con mi madre, que con sus miedos y tristezas, alegrías y esperanzas, me parió en 1979. Tengo tres hermanas, muy intensas ellas, muy divertidas, muy mis hermanas y las adoro. Tuve una abuela paterna que me enseñó los placeres y los dolores de la vida, a través de su comida, sentado yo en su gran cocina, llena de olores, texturas, caldos, salsas, lágrimas y risas. Y la historia continuó.

Casi cada mujer que ha pasado por mi vida ha dejado algo significativo. En 2005 parí una hija, mi gran maestra. Y la historia no ha terminado ni acabará nunca.

Mujeres hay, mujeres conozco, mujeres amo, mujeres admiro. Mujeres, las quiero vivas, fuertes y felices. Quizás idealizo a la mujer, ¿por qué no hacerlo? En mi caso, es una decisión consciente.

Gracias a todas.

Presentación

La violencia

La paz y la guerra son antónimas. ¿Qué es la violencia? De acuerdo con el *Diccionario de la lengua española*, se trata de una "acción violenta o contra el modo natural de proceder". Es una definición limitada, sin duda. Habría que preguntarse si la naturaleza humana es violenta y estoy seguro de que diferentes teóricos aportarán sus enfoques al respecto. Una cuarta acepción nos dice que violencia es la "acción de violar a una persona" (Real Academia Española, 2019). Violar no solo es sexualmente, pues violar los derechos de otra persona ya es violencia, derechos como la libertad, el respeto mutuo, la libertad de tránsito, el derecho al trabajo, a la equidad, entre muchos otros. Recordemos, a pesar de parecer absurdos, que las mujeres y los hombres gozan, en términos generales, de los mismos derechos, desde niños hasta ancianos, así que no hace falta especificar algo como los *derechos de las mujeres,* sino que entendamos que se trata de *derechos de las personas.* El punto es que los derechos se violan más en las mujeres que en los hombres y eso es lo importante del caso. Por ello, se enfatiza en la necesidad de defenderlos de forma integral y con todas las opciones posibles.

Las razones para ejercer violencia contra las mujeres son más complejas de analizar y comprender. La ejercen mujeres contra mujeres y homosexuales contra mujeres, pero especialmente hombres contra mujeres. Va desde un acoso callejero hasta el feminicidio, todo de lo cual hay que cuidarse y prevenirlo. Al respecto, pueden consultarse fuentes de investigación confiables.[1] Más que enfocarnos en las causas (asunto relacionado con los agresores), me interesa concentrarnos en las agredidas (mujeres) y proponer estrategias de prevención.

Sin duda, para erradicar (como se pretende) la violencia contra las mujeres (más de la mitad de la población) son necesarias acciones multidisciplinarias, constantes, con recursos y participación global de los diferentes actores de la sociedad. Desde los padres que educan a sus hijos e hijas, hasta las políticas públicas y el sistema de justicia, todos los participantes deben hacer su mayor esfuerzo para alcanzar el objetivo. Este manual es un granito de sal en la cocina de la paz social que necesitamos todos.

Tipos de violencia[2]

Como la creatividad y la estupidez humana, la violencia tiene muchas posibilidades de ser ejercida. Veamos algunos tipos de *violencia contra las mujeres*, también llamada *violencia de género*, por ser ejercida contra la mujer principalmente, por el

---

[1] Algunas páginas recomendables son: www.mujeresconderechos.org y www.unwomen.org. En México existe la Comisión Nacional para Prevenir y Erradicar la Violencia Contra las Mujeres: www.gob.mx. Otra fuente interesante es la Encuesta Nacional sobre Violencia Contra las Mujeres, realizada por la Secretaría de Salud, que puede consultarse en la página del Instituto Nacional de las Mujeres.

[2] Puede ampliarse esta información en páginas de asociaciones como www.coomeva.com o www.yabastadeviolencia.com.

solo hecho de ser mujer, o llevada a cabo en la mayoría de los casos por varones:

1. *Física:* Agresión directa contra el cuerpo de la mujer, desde un empujón hasta la tortura y el asesinato.

2. *Psicológica:* Es un maltrato a veces sutil, pero efectivo. Ataca las conductas, la personalidad y la estabilidad mental y emocional de las víctimas.

3. *Sexual:* Prácticas sexuales (con o sin penetración) sin el consenso de la mujer.

4. *Laboral:* Incluye discriminación, abuso, desigualdad económica, entre otros.

5. *Patrimonial y económica:* Daño en bienes o ingreso, con fines de control.

6. *Simbólica:* Se ejerce por medio de la imposición de estereotipos, dogmas, signos o conceptos que denigran a la mujer.

7. *Acoso:* Palabras o actos agresivos contra la mujer (aunque no se la toque), para intimidar o causar temor o como preludio para una agresión mayor.

8. *Obstétrica:* Relacionada con la salud sexual y reproductiva, la ejercen los médicos y personal del área.

9. *Doméstica*: La que se padece en el hogar por parte de alguno o algunos de sus miembros.

10. *Mediática:* Desde los medios de comunicación y las redes sociales.

11. *Institucional:* Por agresión u omisión, desde el sistema de justicia, la legislación, el sistema educativo u otras instituciones.

Feminicidio

Este libro pretende que las mujeres refuercen sus estrategias y herramientas para evitar y enfrentar la violencia, desde la prevención hasta la defensa propia. Si no hay límites para la violencia, tampoco debería haberlos para prevenirla. Debe ser un esfuerzo constante, una batalla que como sociedad debemos librar de frente. El extremo de la violencia de género es el asesinato.[3] Es un acto en el que una persona acaba con la vida de la mujer, en especial por eso, por ser mujer. El siguiente párrafo pude ser más claro:

> La pionera del término *feminicidio* fue Diana Russel, que lo usó para hacer referencia a homicidios de mujeres. Para ella, este tipo de asesinatos es cometido por hombres por un sentido de superioridad o de derecho sobre las mujeres. Una idea de propiedad sobre ellas. Marcela Lagarde, antropóloga mexicana, propuso la palabra *feminicidio* para conferir al concepto una dimensión política. Señaló la importancia de una laguna legal y estatal para la atención de la violencia que sufren las mujeres: la falta de investigaciones y sanciones que consideren relevante el género de la víctima permite la reproducción de este tipo de violencia. En su opinión el feminicidio es un crimen de Estado (Panorama, 2017).[4]

---

[3] Muchas veces los medios de comunicación dicen que una mujer murió a manos de su agresor o que las mujeres han sido muertas o halladas muertas o que perdieron la vida, entre otros eufemismos, y evitan términos más precisos como *asesinato, feminicidio* o *crimen de odio.*

[4] Cita tomada del libro *Cartas a una joven feminista* de Alma Karla Sandoval (Ediciones Zetina, Colección Forasteros, 2018, págs. 30-31).

Prevención

La prevención de la violencia debe ser un trabajo multisectorial y transversal. Ha corrido mucha tinta al respecto. Este breve manual fue redactado con la intención de ofrecer información actualizada y con un lenguaje directo, para llegar a las mujeres de hoy, sin importar su edad.

A lo largo del libro hay referencia a las fuentes consultadas, en especial sobre datos y hechos recientes. No te limites a estas fuentes, cuando hay información vasta y detallada en múltiples medios confiables.

Políticas públicas

Considero que las políticas públicas en la defensa de la vida y los derechos de las mujeres han avanzado, sin embargo, aún faltan muchas acciones sociales, civiles, familiares e individuales para reducir sustancialmente la violencia que viven las mujeres de hoy.

Este libro

Fue escrito desde la experiencia mexicana, por ser una de las sociedades más violetas e impunes del mundo, en especial contra las mujeres. Por eso, también puede ser de gran ayuda para mujeres de otras sociedades similares, incluso menos violentas. No es un manual definitivo, habrá que revisar su actualidad y funcionalidad con los años, en futuras ediciones (se aceptan recomendaciones).

Los comentarios y opiniones que generen en los diferentes sectores sociales a los que esta obra pueda llegar, enriquecerán el diálogo en el debate de género y de violencia, es decir, también beneficiarán el diálogo sobre cómo lograr la paz y la justicia.

Por último, ser precavida no se trata de vivir en pánico sino alerta. Sin miedo pero con precaución. No es mi intención propagar la paranoia, sino ofrecer opciones de autoprotección. Si una sola mujer logra salvar la vida, o enfrentar un ataque de forma exitosa, o prevenir un riesgo, o evitar una violación, ya con eso habrá valido la pena este esfuerzo.

DZ
Mayo de 2018

Manual de autoprotección integral para mujeres de hoy

Tenis sí, tacones no

Evita caminar por la calle en tacones, en especial de noche. Este es un consejo para quienes deban o quieran usar tacones en los días de trabajo. Lleva contigo unos tenis, ligeros y fáciles de poner, para cuando vayas hacia allá o salgas de tu trabajo. Los tacones son bonitos y apreciados por muchas mujeres, pero tienen el inconveniente de que, en términos generales, dificultan una huida en caso de estar en riesgo.

Puedes cambiar tus tacones por tenis antes de salir del trabajo, anúdalos bien. Los tenis te permitirán caminar con más comodidad de vuelta a casa, también podrás avanzar más rápido que con zapatillas.

Y lo más importante, en caso de que te sientas en riesgo, podrás correr, pero también patear si es necesario.

No hace falta perder el glamur de los tacones, pero sí es importante tener la precaución de que no se conviertan en un riesgo innecesario.

También puedes hacerlo si vas a una fiesta de noche, en especial si al salir tomarás un taxi o caminarás. Lo mismo aplica si vas a un centro comercial o teatro con estacionamiento oscuro (como hay tantos) y en otras situaciones similares.

Círculo de Confianza

Construye en torno tuyo un Círculo de Confianza. De acuerdo con Parker J. Palmer, los Círculos de Confianza son: "espacios y procesos de esclarecimiento, reflexión, recapacitación y exploración compartida, mediante experiencias y eventos que permiten a sus miembros nutrirse de manera integral y estar más preparados para afrontar los retos de la vida" (Llaque, 2017). En este caso, el Círculo se construye alrededor de ti. Más claro: lo construyes tú misma, con personas que te quieren y respetan, que están cerca de ti y que te apoyarán en una u otra medida cuando puedas necesitarlos.

Podemos decir que hay muchas personas cerca de ti, por lo menos en cuanto a posibilidades. El primer Círculo de Confianza o inicial puede basarse en la familia (nuclear, nueva, política, pareja). Solo hay que cuidarse de no incluir a los miembros de tu familia solo por el hecho de serlo, sino porque en verdad aporten algo positivo a tu vida.

Después tenemos a la familia extendida, muchas veces no tan cercana como la nuclear. Ahí puedes tomarte el tiempo de analizar y decidir a quiénes puedes incluir. Muchas veces tenemos algún primo o prima, tío o tía de toda nuestra confianza.

Luego tenemos a las amistades más cercanas, los mejores amigos. La gran ventaja es que esas son relaciones que ya de por sí se han construido con base en la confianza y el respeto. Por eso, es más fácil que puedas incluirlos en tu Círculo de Confianza, en especial si se encuentran cerca de ti.

Aún cerca se encuentran los conocidos, gente que llega a tu vida de diversas maneras (maestros, vecinos, líderes religiosos, compañeros, jefes, subordinados...) y que, de acuerdo con la compatibilidad que llegues a tener con ellos, podrías integrarlos.

Otras personas que pueden entrar o salir más fácil de tu Círculo de Confianza son aquellos que de forma incidental pueden ser parte de tu vida momentáneamente, pero que pueden aportar algo positivo a tu seguridad y tranquilidad. Estos son los casos de policías, vigilantes, guaruras u otros. Por lo general, cumplen un rol específico y una vez que terminan de hacer su trabajo salen de tu vida.

De acuerdo con Carlos Llaque, en un Círculo de Confianza es importante "que exista una percepción de relativa *paridad* entre los miembros del grupo. Esto contribuirá con un intercambio saludable y maduro que permita construir lazos de confianza y fortalecer los sentimientos de pertenencia" (Llaque, 2017).

Una vez que elijas a los miembros, debes seguir unos breves pasos para integrarlos al mismo. Puedes hacer una lista y luego platicar con cada uno, invitándolos a ser parte de tu Círculo de Confianza. Si aceptan, adelante, tu Círculo comienza a crecer y a ser real.

Procura tener sus contactos actualizados y comunicarte con ellos con alguna frecuencia. Puedes compartirles a dónde irás, si estás pasando por una situación difícil, si te preocupa algo o si ves un riesgo cercano.

Reúnete con ellos seguido, no solo para platicar de problemas, sino para escucharlos, compartir, reír. Esto hará más fuerte su relación y el posible apoyo que pueda darse entre ustedes.

Tú misma puedes ser parte del Círculo de Confianza de otras mujeres.

Beneficios: Tienes personas cercanas en quien apoyarte en muchos aspectos. Estarán al pendiente de ti, pero no de forma invasiva. Siempre habrá alguien cerca para ayudarte.

Unos entran, otros salen: Como todo en la vida, habrá cambios. Si dejas a una pareja, puede bien salir de tu Círculo; algún pariente que se alejó demasiado; una amiga con la que ya no compartes; y otros casos. Asimismo, entrarán a su momento rostros nuevos, siempre en tu y en su beneficio.

Cuida tus llaves

Evita perderlas y recuerda dónde están. Quedarte sin llaves es algo de lo más desagradable que puede ocurrirte y a la vez resulta un riesgo.

Puedes llevar contigo dos juegos de llaves, particularmente de las que abran tu casa. De esas incluso puedes tener un juego en el auto o puedes colgarlas en tu cuello con un cordón o collar. Parece ridículo, pero puede ser más desagradable quedarte fuera de tu casa a media noche. También puedes dejar un juego con una persona de confianza, pero cuida que esa persona no quiera entrar un día por su cuenta a tu casa.

No cargues todas tus llaves en un mismo llavero. Puedes tener varios llaveros. O busca tu propia estrategia para asegurarte de tenerlas a disposición cuando las necesites. El objetivo es que siempre puedas entrar a tu casa a guarecerte. Si permaneces afuera de tu casa por un rato, en especial de noche o de madrugada, existen riesgos que es mejor evitar.

Cuando te vayas acercando a tu casa, prepara las llaves en tu mano, para tenerlas listas y abrir pronto. Sé discreta al hacerlo, abre pronto, entra, cierra con llave por dentro, observa si ves algún peligro fuera y de ser necesario llama a tus vecinos o a la policía cercana. En las puertas de tu casa, de preferencia usa chapas de seguridad, pero que puedas abrir sin muchas complicaciones. Por ejemplo, una chapa fuerte en vez de dos ligeras. Evita usar candados y cadenas, pues su uso retarda la entrada a casa.

Paraguas

De acuerdo con diferentes estudios, el hecho de que una mujer cargue un paraguas en la calle o en un lugar público, reduce las posibilidades de que sea violada o violentada de alguna manera (Trujano-Ruiz, 1997). Para los agresores, el paraguas es considerado una posible arma, con la que podrías defenderte. Un arma ocasional que bien usada podría inmovilizarlo y por lo tanto ser aprehendidos por la policía. El agresor o violador evitará este riesgo, por lo que entre una mujer con paraguas y otra sin paraguas, atacará con más seguridad a la segunda, por considerarla más vulnerable o indefensa, aunque el hecho de que no lo lleve no quiere decir que en realidad lo sea.

Hay sobrillas o paraguas de diferentes tipos, pero llevar uno en la mano será un factor positivo para prevenir un ataque. Hay modelos retráctiles, alargados, con forro, medianos, chicos, con mango o argolla. Sus materiales varían del mismo modo, desde bambú, plástico, madera tratada, aluminio, hierro, entre otros. Su resistencia y su efectividad para defenderte de un ataque dependen de la pericia que tengas para usarlo.

Por ello, si lo has de llevar en la calle, por el sol, la nieve, la lluvia o el aire, aprende a usarlo como arma de defensa. Podrás desde picar un ojo del atacante, golpearlo en los genitales, alejarlo de tu cuerpo, darle en la boca del estómago u otra estrategia, que te permita inmovilizarlo por el tiempo necesario para que te pongas a salvo o busques ayuda.

Radiotaxi

Pide servicios de radiotaxi de diferentes compañías o sitios, no de uno en exclusivo. Cuando solicites un servicio, no le pidas que llegue a la puerta de tu casa, sino que dale la dirección de la esquina. Por lo general, cuando llegan pueden avisarte de que están por ti, entonces puedes salir y abordarlo. Pero, incluso, si el chofer no te da confianza, puedes volver a casa o seguir de largo. Si eso pasa, repórtalo o solo evita ese servicio y busca otro, hay muchos.

Si abordas el taxi y el taxista hace cualquier comentario fuera de lugar, puedes bajarte, incluso sin pagar, en cualquier alto, o abrir la puerta en movimiento para que se frene. Quizás se moleste, pero si te sientes agredida, tú sal de ahí, avanza en sentido contrario de los autos y pide ayuda o entra a un local. Además, repórtalo o denúncialo.

Si completaste el viaje, cuando llegues a tu destino, en especial de vuelta a casa, no te bajes frente a tu dirección, sino unas casas más adelante o en la esquina o en la tienda, que puedas avanzar en sentido contrario al taxista. Así no verá dónde vives y no podrá acosarte tan fácil.

Si notas alguna otra cosa extraña en tu trayecto, al bajar puedes tomar una foto del taxi, la placa o el taxista mismo y reportarlo. Por nada del mundo te duermas ni subas ebria a un taxi, ni de noche ni de día. Además, vigila tu ruta, conócela, así, si ves un cambio en la misma podrás estar alerta y hacer lo necesario.

Por último, siempre paga con cambio, no hacerlo se presta a que te quieran llevar a otros lugares para conseguir cambio y eso es un riesgo y una pérdida de tiempo.

Servicios al hogar

Ten precauciones con servicios en tu hogar, como gas, luz, internet, TV de paga, teléfono, garrafones, plomeros, fumigación, limpieza, jardinería u otros.

Antes de contratar, busca opiniones de esas empresas, habla para pedir informes de cómo dan su servicio. Cuando contrates un servicio, que las instalaciones se hagan a la luz del día. Si entran a tu departamento, deja la puerta abierta y colócate cerca de ella.

Si te preguntan algo, sé firme y clara, no necesitas aceptar bromas ni piropos de quien va a trabajar y no a socializar. Avísale a alguien que te darán ese servicio y ante cualquier peligro, toca la puerta de un vecino, grita o corre hacia afuera.

Una vez que tengas un servicio que necesita mantenimiento o visitas a tu casa, pídeles que no registren tus datos (es tu derecho) ni tu teléfono. Diles que si necesitas algo en especial tú les marcas. De preferencia, pide diferentes tipos de proveedores, por ejemplo, varias compañías de gas, diferentes marcas de garrafones de agua.

Y si puedes evitar que entren a tu vivienda, muchas veces es mejor. Que dejen los servicios fuera, en el pasillo o con otra persona, pero que no se sientan con la confianza de entrar. Puedes organizarte con tus vecinos para pedir los servicios en forma colectiva.

Una amiga me contó que un día la compañía de gas llegó a su casa a surtir sin que ella se lo pidiera. El operador subió directo a su azotea al tanque estacionario y ya arriba le preguntó cuánto le pondría. Ella marcó a la compañía para hacer la aclaración de que no lo había solicitado y de la misma llamaron al chofer para que se retirara de ahí. Lo que le causó miedo fue que el operador sabía su nombre y le dijo que antes ya le había cargado. Eso la amedrentó un poco, así que habló a la compañía para denunciar y lo comentó con sus vecinos, quienes la apoyaron.

*Donde hay más mujeres en el poder
hay más igualdad en derechos*

José Luis Rodríguez Zapatero

Intento de secuestro en auto

Puede ocurrirte un intento de secuestro cuando vayas manejando, pero eso no significa que el secuestro deba completarse. ¿Qué hacer? Aquí unos consejos:

—Si ves que un auto te va acosando por detrás, no lo dejes que te rebase o gira en un momento hacia otra dirección, en especial si con eso logras evadirlo.

—Si un auto se pone a tu lado y te muestran una pistola para amenazarte y que te detengas, igual, realiza una maniobra evasiva, pero no entres en pánico ni bajes del auto a la primera.

—Si se te cierra un auto al frente y alguien baja y va hacia ti, mete reversa y arranca rápido y firme hacia otra dirección. Si aún te sigue, ve a un punto policial o detente en una glorieta o camellón y baja caminando en sentido contrario a tus perseguidores.

—Otra opción es que una persona de pie te bloquee el paso, mientras sus secuaces esperan a que te detengas para atacar. Recuerda siempre mantener tus vidrios y seguros cerrados y estar alerta.

—Si no te queda de otra, avienta el auto a las personas que te bloqueen el paso o al vehículo que quiera impedirte avanzar. No lo dudes, son ellos o tú; tu vida o la suya.

Enfrenta al acosador o posible agresor

"¿Qué hora tiene?" Cuando una mujer desconfía de un posible agresor, si se acerca lo suficiente y le hace esta pregunta, el agresor no la atacará o por lo menos se reduce la probabilidad de que suceda (Jerez, 2018).

Si la mujer, además de preguntar, mira a los ojos al posible agresor, eso disminuirá aún más las posibilidades del hecho violento, debido a que a los agresores no les gusta que las mujeres puedan reconocerlos.

¿Es recomendable hacerlo? Sí. En caso de que encuentres a un posible agresor, alguien de quien definitivamente desconfíes, por ejemplo en la calle, en el transporte público o en una plaza, puedes acercarte (o si él se te va acercando), encararlo con firmeza pero con calma y preguntarle la hora:

—Disculpe, señor, ¿me daría su hora?
—¿Señor, podría darme su hora, por favor?
—¿Sería tan amable de decirme qué hora es, señor?
—Oiga, ¿me da la hora, por favor?

El hombre, según las investigaciones, contestará la pregunta en la mayoría de los casos. Una vez que responda, puedes añadir:

—Gracias, es usted muy amable.

—Señor, muchas gracias por la hora.

—De verdad le agradezco.

¿Cómo saber si se trataba de un verdadero agresor o feminicida y no de un simple hombre en actitud sospechosa? La única forma de comprobarlo sería dejándolo actuar y luego valorando su conducta, pero esto no se trata de un experimento social, sino de salvarse de un ataque violento, quizás mortal. Ponlo en práctica si lo consideras necesario y sal de ahí, no te quedes a ver si tus sospechas eran ciertas.

Conoce a tus vecinos

Mantén una relación de respeto y ayuda mutua. Conocer a las personas que te rodean puede ser un factor decisivo en una situación de peligro, no solo de violencia, también en inundaciones, terremotos o si te pica un alacrán.

Cuando llegues a vivir a un nuevo lugar, sal, toca su puerta y preséntate. "Mi nombre es tal, vivo en el número tal y seré tu vecina". No los conoces, así que sé cortés, pero clara y amable. "Si en algo podemos colaborar como vecinos, creo que es lo mejor para todos". También puedes marcar límites desde entonces: "No me gusta platicar en los pasillos ni los chismes, tampoco las fiestas escandalosas, pero cuenta conmigo si puedo ayudarte en algo".

Tipos de vecinos: Los *fiesteros,* con ellos es importante respetar, pero también pedir que se respeten las horas de sueño y los decibeles de la música en niveles adecuados. Los *salvadores,* que siempre quieren ayudar a otros, a ellos es importante marcarles límites claros. Con los *metiches* es importante ser reservada y no fomentar sus intromisiones. Los *reservados,* con estos conviene mantener el respeto y la cortesía.

Riesgos a evitar: No dejarles llaves de tu casa. No prestarles ni pedirles muchas cosas, como herramientas. No responder a preguntas sobre tu vida personal. No meterse en sus problemas, como violencia familiar u opiniones sobre la crianza de sus hijos. No comprarles todo lo que vendan. No entrar en debates sobre religión, política u otros temas que puedan causar molestia por diferencias de opiniones.

Ejemplos:

—*Una casa vecina donde venden drogas:* Evitar llegar sola de noche caminando. Hacer el reporte a la policía de forma anónima, no confrontar.

—*Vecinos enojones:* Evitar su contacto, hablar brevemente de respetarse entre vecinos.

—*Vecinos con violencia doméstica:* Denuncia anónima, evitar mayor contacto, mantener el respeto pero también la distancia.

—*Vecinos coquetos o acosadores:* Hablar de frente del asunto pidiendo respeto y distancia, pedir apoyo del Círculo de Confianza, hacer la denuncia.

—*Vecinos que piden muchas cosas:* Negarles el apoyo, mantener la distancia.

—*Vecinos que no cierran el portón del condominio o edificio:* Hacer letreros invitándolos a hacerlo, por seguridad de todos.

—*Vecinos toman y usan cosas tuyas:* Como quien agarra tu bicicleta del patio o cosecha de tus macetas. Mejor mete tus pertenencias, encadena tu bici y pon letreros sobre el respeto.

Existen algunas apps para la relación o contacto entre vecinos, en especial para situaciones de emergencia, como Haus, una red social para vecinos.

Armas: gas lacrimógeno

Qué es: Un compuesto químico con base de pimienta o gases tóxicos no mortales. Suelen ser tubos pequeños con atomizador, fáciles de usar, pero con caducidad.

Cómo funciona: Se libera el seguro (en su caso) y se presiona con dirección al agresor. Se mantiene el disparo o se hacen varios en dirección al rostro.

Para qué sirve: Ahuyentar al atacante, nublar su vista, provocar reacción alérgica o malestar para disminuir su capacidad de ataque y poder huir del lugar.

Dónde llevarlo: En la cintura o en la bolsa, a la mano, fácil de localizar.

Dónde lo prohíben: Camiones, aviones y algunos otros transportes; en escuelas y algunos centros de trabajo; en instituciones o edificios públicos.

Ventajas: Es pequeño, es rápido, fácil de usar, permite escapar, no es mortal ni discapacitante (usarlo no es delito o es delito menor).

Desventajas: Puedes respirar la sustancia, puede no provocar una reacción en el agresor, no lo inmoviliza del todo.

Consejos: Revisa la caducidad, mantenlo en funcionamiento y a la mano.

Ejemplos de uso: En el metro, en terminales de camiones, en la calle sola, en sitios desconocidos, en parques públicos, ante cualquier ataque para ayudar a otras mujeres.

Un día, en la Ciudad de México, vi a una señora de unos cincuenta años entrar a un oxxo con el gas en la mano, levantado a la altura de su rostro, al frente, en clara actitud de saber usarlo. Se dirigió a la caja, hizo un depósito y salió igual, con el dispositivo bien agarrado. Los ahí presentes nos sorprendimos, pero creo que todos pensamos que hacía bien.

En un hecho bastante absurdo, en el estado de Puebla, a inicios de 2018, las autoridades de seguridad pública dijeron que "[El gas pimienta] Puede considerarse un instrumento prohibido que solamente las autoridades del orden están autorizadas para su uso y deben tener una capacitación para el uso y manejo de un gas lacrimógeno o un gas pimienta. [Quien porte gas pimienta] Puede incurrir en un tema de portación de instrumento prohibido, se puede interpretar de esta manera" (Ayala-Martínez, 2018).

Dichas declaraciones del funcionario Manuel Alonso García resultaron polémicas, en especial porque en los últimos meses la sociedad poblana vivió varios feminicidios y violaciones, que trascendieron en los medios a nivel nacional.

De este modo, las autoridades daban la impresión de que las mujeres no podían usar este tipo de armas para su autodefensa, lo que cayó pésimo en diferentes sectores, que consideran que más que prohibir las autoridades deberían dedicarse a proteger a las ciudadanas.

Por fortuna, el debate sigue abierto, y mientras tanto "clasificar el gas pimienta como objeto prohibido queda a criterio de quien interprete la ley", según el Dr. Rubén Alberto Curiel Tejeda, coordinador de la Maestría en Derechos Humanos de la Ibero Puebla (Ayala-Martínez, 2018).

Como sea, creo que es mejor llevarlo encima para poder defenderte, que evitarlo porque las autoridades y los especialistas no se ponen de acuerdo.

Camión urbano

En autobús, trolebús, microbús o metrobús viaja alerta (sin miedo, pero sin distracciones). Puede sonarte alarmista, porque quizás no vives en Ecatepec.[5] Al subir, observa rápidamente lo que hay arriba. Elige un lugar junto al pasillo (es más fácil salir de ser necesario) y cerca de cualquiera de las puertas.

Evita llevar alhajas y elementos vistosos (como audífonos que sean o parezcan valiosos). Evita también descuidar tu bolsa o mochila, para reducir el riesgo de ser presa de los ladrones de ocasión. Lleva tus cosas al frente, sobre tus piernas o en el piso entre tus piernas.

Evita pagar con un billete alto, solo por exceso de precaución. Además, eso prevendrá que el chofer te diga que luego te dará tu cambio y que se le olvide hacerlo y al bajarte te quedes con menos dinero o de plano sin dinero… lo que además te deja vulnerable.

En caso de que tengas tarjeta de prepago, siempre recarga antes de que se termine el saldo. Y no se la prestes a nadie, si alguien te pide que le ayudes a subir, pídele el dinero y paga con tu tarjeta, pero no se la prestes.

---

[5] Uno de los lugares más inseguros para vivir en México. La "Encuesta Nacional de Seguridad Urbana (ENSU) reveló que en marzo de este año (2016) 93.6% de los habitantes de Ecatepec consideraron que su localidad era insegura. El número más alto a nivel nacional" (Fregoso, 2017). De acuerdo con el Censo de Población y Vivienda de 2015, su población es de 1.6 millones de habitantes, muchos de los cuales solo llegan ahí para dormir tras su jornada laboral o escolar en la Ciudad de México.

Procura viajar en tramos cortos, de ser posible. Hazlo, mientras puedas en horarios menos riesgosos o por rutas más seguras, aunque tardes un poco más.

Si detectas a un acosador, aléjate o denúncialo con el conductor, quizás no haga mucho, pero aunque no lo parezca en ese momento el chofer puede jugar a tu favor. Si ves que acosan a alguien, en especial a una menor, alza la voz y apela a los demás pasajeros para que lo bajen o por lo menos detengan su agresión.

Si ves que sube un sospechoso, toca el timbre y desciende de la unidad. Mejor que digan aquí corrió que aquí…

Si el chofer maneja como loco y ves que realmente te encuentras en riesgo, coméntalo con otros pasajeros y díselo al mismo chofer cafre. Si ves que no hay cambio (como sería de esperar), baja del camión. Los accidentes de unidades del transporte público son constantes y los daños que sufren los usuarios muchas veces no son atendidos por las aseguradoras como es debido. Así que mejor pagar un pasaje extra, que sufrir peores consecuencias.

Si de noche o de madrugada el vehículo no lleva luces encendidas (lo que es obligatorio por reglamento) o son de un neón que impide la visibilidad, o está demasiado oscuro, no lo abordes. En las sombras pueden ocultarse los delitos con mayor facilidad.

Si el autobús choca, de preferencia espera a que lleguen los ajustadores del seguro, en especial si sufriste alguna lesión o daño. Llama a alguien de confianza que pueda auxiliarte y exige que se respeten tus derechos como usuaria de la línea.

Con quién dejar encargada a una menor

De preferencia, nunca encargues a tus hijas (ni hijos) con nadie más. Son tus hijos, están bajo tu resguardo, cuidado y protección. Tú eres responsable de su vida, de lo que le suceda, en especial cuando son niñas pequeñas. Puedes formarlas y darles todas las herramientas de autoprotección y autocuidado que puedas, pero ese es un proceso gradual y que dura años.

De entrada, es necesario ofrecerles toda la seguridad necesaria para su sano desarrollo en cada etapa de su vida. Una de las obligaciones de madres y padres es proteger, cuidar y defender a sus hijos. Y una de las primeras cosas que debemos asegurar es que vivan sin violencia, con mucho amor y alegría.

Pero veamos las circunstancias para que una persona deje a su hija encargada con otra persona o en una institución.

En primer lugar las mujeres u hombres encargan a sus hijas cuando hay abandono por parte de una pareja. El abandono se da más por parte de hombres, que dejan a las mujeres con toda la responsabilidad de las hijas. Según datos del INEGI, "De las mujeres mexicanas de 12 y más años con al menos un hijo nacido vivo, 27.8 por ciento ejerce su maternidad sin pareja" (Notimex, 2017). Es decir, por lo menos 3 de cada 10 niños crecen sin padre.

Por otro lado, el trabajo es otra causa para dejar hijas encargadas. "De acuerdo con la Encuesta Nacional de Ocupación y Empleo (ENOE), en el cuarto trimestre de 2016, la tasa de participación económica de mujeres de 15 y más años es de 43.3%" (INEGI, 2017, pág. 14). Pero es claro que ambas cosas están relacionadas, las madres solteras trabajan para poder mantener a sus hijos. Hay otras que casadas trabajan, aunque en ellas las circunstancias son un poco diferentes.

También hay casos de enfermedad, discapacidad u otras causas.

Pero, ¿con quién se deja a las niñas?:

—*Cendis:* Para quienes cuentan con ese servicio o pueden pagar por él. Los hay en horario extendido. Aunque suelen ser seguros y ofrecen alimentos y otros servicios, se han presentado casos de abuso. La ventaja es que es más fácil ubicar y llevar a juicio a los culpables. Cabe destacar que las encargadas de cuidar a las niñas, muchas veces cobran un sueldo muy bajo o son practicantes de puericultura, por lo que quizás no cuentan con la capacitación adecuada para dar una atención integral a las menores.

—*Familia directa:* Las abuelas en especial, las maternas en particular. En este caso, si la abuela también está sola, solo habrá los riesgos (y ventajas) que eso implique.

—*Familia política:* Aquellos que no son tan directos, pero que pueden hacerse cargo de las niñas de otros.

—*Amigos:* Cuando falta la familia, o no apoya en este sentido, o porque hay más confianza con ellos, suelen entrar a cuadro.

—*Vecinos:* Con menos vínculo, pero a veces con mayor facilidad, hay vecinas que cuidan a los hijos de otros, por dinero u otra recompensa.

Algunos riesgos claramente identificados cuando las niñas son encargadas con terceros son:

—*Agresión sexual:* En diferentes grados o variables. La violación se da más en ambientes familiares, por personas adultas conocidas, que por extraños. Es un terrible flagelo que marca de por vida a las mujeres y por desgracia en nuestro país se da cada día. Tíos, parejas de tías, primos, abuelos, cuñados y otros hombres (aunque también mujeres) son quienes llevan a cabo esta violencia sexual contra las niñas. Por su vulnerabilidad, además son sometidas a una violencia psicológica para no delatar a sus agresores.

—*Violencia física:* Muchas veces quien cuida no tiene la paciencia ni la capacidad para convivir con pequeñas. En una guardería pública supe que a los niños (menores de siete años) que se portaban mal, las nanas les daban *chocolate*, que era la clave para castigos físicos que no dejaban marcas.

—*Violencia psicológica:* No hace falta pegar para ejercer violencia y dejar marcas. A veces, la manipulación, el chantaje, los estereotipos, el machismo, las imposiciones y otras variables de este tipo son ejercidas por adultos sin capacitación y muchas veces sin vocación hacia la infancia.

—*Exposición a contenidos inadecuados:* Cuando se les expone a escuchar o mirar contenidos inadecuados en alguna pantalla o dispositivo electrónico. Esto puede incluir la exposición a violencia, lenguaje soez, temas para adultos o pornografía de cualquier tipo.

—*Abandono:* A veces, las personas que deben cuidar a las menores solo las dejan encerradas en un cuarto o en un patio y no las atienden, con lo que sufren un abandono.

¿Cómo podemos prevenir este tipo de violencia en contra de las niñas?

—En primer lugar, haciendo un esfuerzo por acompañarlas y cuidarlas personalmente, con estrategias como trabajo en casa, trabajo a distancia, autoempleo, trabajo nocturno o quizás en fines de semana. O atendiendo un negocio propio, en donde pueda estar la menor hasta que tenga la edad para ir a la escuela.

—Si se le deja encargada, es muy importante observar a la menor; vigilar si hay golpes, rasguños, moretones, mechones de pelo arrancados o cualquier cambio extraño.

—Platicar con ella, con la mayor confianza posible. Un buen lazo permitirá denunciar-detectar abusos, a diferencia de un trato distante por parte de los padres, que dificultará que la pequeña hable de lo que pueda estar sufriendo.

—Atender cualquier cambio de humor y de hábitos que presente la niña, en cualquier momento después de dejarla encargada.

—Es importante escuchar con interés lo que dice, darle valor a lo que comente y de ser necesario consultar a un especialista al respecto.

—Ante cualquier sospecha de abuso, es indispensable alejar a la niña del lugar donde pueda haber sido agredida e iniciar una investigación.

—De ser necesario, hay que presentarse ante las autoridades correspondientes para denunciar al agresor. Y a pesar de las dificultades es importante llevar el caso hasta el final, recuerda que de no hacerlo, otras menores podrán ser violentadas.

¿Cuáles son los síntomas de abuso que puede presentar una menor? De acuerdo con la Mayo Clinic (EUA):

Un niño que es víctima de maltrato puede tener sentimientos de culpa, vergüenza o confusión. Puede tener miedo de contarles a otros acerca del maltrato, especialmente si el perpetrador es uno de los padres, un familiar cercano o un amigo de la familia. De hecho, el niño puede mostrar un miedo visible de los padres, personas adultas responsables de su cuidado o amigos de la familia. Por ese motivo es tan importante prestar atención a las señales de alerta, entre ellas:

- Apartamiento de las amistades y las actividades habituales
- Cambios de comportamiento, como agresividad, ira, hostilidad o hiperactividad, o cambios en el desempeño escolar
- Depresión, ansiedad o miedos inusuales, o pérdida repentina de la confianza en sí mismo
- Falta aparente de supervisión
- Ausencias frecuentes de la escuela o negativa a tomar el autobús escolar
- Negativa a dejar las actividades escolares, como si no quisiera volver a casa
- Intentos de huida
- Comportamiento rebelde o desafiante
- Intentos de suicidio

Los signos y síntomas dependen del tipo de maltrato y pueden variar. Ten presente que las señales de alerta solo son eso: señales de alerta. La existencia de señales de alerta no significa necesariamente que el niño es víctima de maltrato (MayoClinic, 2018).

Acciones de prevención. Siguiendo las recomendaciones de la Mayo Clinic, porque parecen claras, se sugieren las siguientes:

• *Brinda amor y atención a tu hijo:* Brinda afecto a tu hijo; escúchalo e involúcrate en su vida para fomentar la confianza y la buena comunicación [...]. Un entorno familiar y un tejido social de contención pueden reforzar la autoestima y el sentimiento de autovaloración de tu hijo.

• *No respondas con ira:* Si te sientes abrumado o fuera de control, haz una pausa. No descargues tu ira sobre tu hijo [...].

• *Supervisión:* No dejes a tu hijo solo en el hogar. Cuando estés en lugares públicos, no pierdas de vista a tu hijo [...]. Cuando tenga edad suficiente para salir sin supervisión, alienta a tu hijo a mantener distancia de los extraños y a pasar el tiempo con amigos en vez de solo [...]. Averigua quién estará a cargo de la supervisión de tu hijo, por ejemplo, cuando se queda a dormir en casa de amigos.

• *Conoce a las personas responsables del cuidado de tu hijo:* Pide referencias sobre las niñeras y sobre otras personas responsables del cuidado. Haz visitas imprevistas, frecuentes y sin anunciar, para observar qué está sucediendo. No aceptes sustitutos de la persona que habitualmente es responsable del cuidado de tu hijo si no conoces al reemplazante.

• *Insiste sobre cuándo decir "no":* Asegúrate de que tu hijo comprenda que no tiene por qué hacer nada que le resulte incómodo o atemorizante. Alienta a tu hijo a tomar distancia inmediatamente de las situaciones amenazantes o atemorizantes y a buscar la ayuda de un adulto de confianza. Si algo sucede, alienta a tu hijo a que hable contigo o con otro adulto de confianza acerca del episodio. Asegúrale a tu hijo que está bien hablar y que no se meterá en problemas.

• *Enseña a tu hijo cómo mantenerse a salvo cuando está conectado a internet* [...]. Establece las reglas del juego, como no compartir la información personal, no responder a mensajes inapropiados, hirientes o atemorizantes y no concertar encuentros para conocer en persona a un contacto en línea sin tu autorización. Recomienda a tu hijo que te cuente si un desconocido lo contacta por medio de una red social. Denuncia el acoso en línea o a los remitentes inapropiados ante el proveedor del servicio y las autoridades locales, de ser necesario.

• *Haz contactos.* Conoce a las familias del vecindario, incluso niños y padres. Considera unirte a un grupo de apoyo para padres, para desahogar tus frustraciones en el lugar adecuado. Crea una red de contención de familiares y amigos. Si un amigo o vecino parece estar en dificultades, ofrécete para cuidar de sus hijos o ayudar de otra manera (MayoClinic, 2018).

Por último, en caso de que haya existido un abuso, es importante enfrentarlo con la mayor fortaleza posible, por medio de un proceso judicial contra el agresor y con terapia y otras estrategias para sanar las heridas de la víctima.

Caminar en la calle

Estudios demuestran que hay algunas formas más seguras de caminar en la calle. "En 2006, los investigadores japoneses Kikue Sakaguchi y Toshikazu Hasegawa, de la Universidad de Tokio, concluyeron que quienes caminan despacio, con zancadas cortas, eran más propensos a ser atacados". De acuerdo con un estudio publicado en la *Journal of Interpersonal Violence*, "Ayuda tomar grandes pasos, girar la pelvis a cada paso, mover todo el cuerpo, columpiar —no levantar— los pies, mostrar gran movimiento de brazos, una alta energía y baja restricción" (*¿Cómo caminar para evitar un asalto?*, 2014).

Caminar con seguridad y firmeza ahuyenta a los atacantes o por lo menos disminuye la incidencia de ser violentada. Camina erguida, firme, hombros en alto, directo a tu destino, con la cabeza levantada y la mayor seguridad posible. Evita llevar cosas en las manos que te resten capacidad de reacción. Usa ropa cómoda, que no dificulte tus movimientos y tenis o zapatos con los que puedas correr. Avanza a paso constante, sin muchos titubeos.

Planea con anticipación tu destino, la ruta más segura hacia él, y evita desviarte por atajos que no conozcas bien. Si tienes que preguntar el rumbo, hazlo sin distraerte, centrada en tu objetivo (no te detengas a platicar de otras cosas ni permitas que te entretengan demasiado con otros temas).

Pregunta por lo que buscas a alguien que esté ocupado (un bolero, un tendero o en un puesto de periódicos), así quien te conteste lo hará rápido y claro, primero porque conoce la zona y luego porque no querrá perder tiempo de trabajo contigo.

De preferencia no permitas que te acompañen en el trayecto, diles que tú puedes llegar sola con las indicaciones que te dieron. Si ves que no hay modo, busca a otra persona que te oriente y sigue tu camino, no te detengas.

Evita lugares desolados, con concurrencia violenta: drogadictos, grupos de hombres ociosos, acosadores. Por ejemplo, en algunas salidas de metro o estaciones de microbuses hay menos acoso que en otras, así que, si puedes, toma estas como opción, aunque tengas que caminar un poco más a tu trabajo, casa u oficina, en especial en lugares que sean cotidianos para ti.

Procura la compañía de personas que conozcan estas recomendaciones o compártelas con ellos para que estén en la misma sintonía y se apoyen mutuamente, en caso de caminar juntas.

Ten cuidado con acosadores, vendedores callejeros (de los que caminan y te abordan), predicadores religiosos, limosneros, gente en situación de calle agresiva u otros perfiles que puedan representar un riesgo para ti (como lo pueden ser a veces albañiles o guardias de seguridad). Cuídate de todos ellos, porque no sabes quién es auténtico y quién finge solo por obtener dinero o por algún otro objetivo oculto.

Rentar una vivienda

Tu hogar debe ser un lugar seguro, una guarida donde te sientas en libertad, un *santuario* quizás, por eso toma precauciones cuando necesites retar una vivienda.

Puntos a considerar:

—El vecindario (por ejemplo, colonias colindantes que estén a un tiro de piedra, pero cuyas dinámicas sociales son muy distintas a tu nuevo barrio, quizás por inseguras o por ser tranquilas).

—Qué hay afuera de tu casa (en muchas colonias existen áreas de venta de drogas, pero no en todas sus secciones). Fíjate bien las dinámicas diurnas y nocturnas de la zona. Un paseo de noche por el lugar podría sorprenderte. Por ejemplo, trabajé en una escuela en una colonia que de día era lo más tranquilo del mundo, pero de noche se convertía en un ambiente tenso con mucha gente bebiendo en la calle, así que no me mudé a vivir allá a pesar de la distancia que me habría ahorrado a diario.

—Platica con el señor de la tienda, con un vecino, en especial con niños o con adultos mayores.

—Pregunta al corredor de bienes raíces o al casero de posibles riesgos (a ellos les conviene que estés convencida de quedarte a rentar ahí por un tiempo y que no salgas corriendo pronto).

—Firma un contrato, eso te protegerá legalmente.

—Fíjate en tus vecinos inmediatos, de preferencia habla con ellos.

—Comprueba que sea un lugar seguro, con puertas, ventanas y otras entradas seguras.

—Que esté iluminado de noche.

—Que no quede al fondo de un callejón, sino de preferencia en una esquina o avenida concurrida.

—Si es un condominio cerrado, toma otras precauciones. En especial, conoce el régimen del condominio y los acuerdos que se tengan con la asociación de condóminos.

—En caso de que haya vigilantes, ten un trato directo y claro con ellos, pero sin confianzas excesivas. No dejes que se involucren en tus cosas, como preguntas de quién entra a tu casa o que te sientas invadida o vigilada. Si sucede, platícalo con el comité vecinal y pide que la situación cambie, con nuevos vigilantes.

—Busca los puntos débiles y cómo evitar riesgos.

Una vez que contrates, cambia la combinación de la chapa y pon otra de seguridad. Además, apenas te mudes, coloca las cortinas necesarias. También revisa que no haya deudas de luz, gas, agua, mantenimiento u otros servicios para que no te los corten.

En el gym

Toma tus precauciones y disfruta hacer ejercicio. Aprende a diseñar tus rutinas por ti misma, preguntando, observando y estudiando la situación. Así evitarás una atención excesiva o distracciones que puedan ser molestas de parte de entrenadores y de otros usuarios.

Al iniciar habla con los encargados del lugar y con los entrenadores acerca de tus objetivos y de que buscas un lugar donde se te respete y atienda bien.

Puedes llevar siempre tus audífonos, aunque no escuches música, eso puede inhibir que se te acerquen a molestar o a coquetearte. Si alguien te pregunta o comenta algo, podrás ignorarlo. Si insiste, no te quites tus auriculares e indica que estás concentrada en lo tuyo, eso los alejará y entenderán que no será fácil distraerte, por lo que buscarán otra cosa que hacer o a una persona que sí se deje distraer.

Si alguien insiste, busca al personal del lugar o al administrador y repórtalo. Si te piden tu teléfono, coméntales que no acostumbras dar tus datos personales y no estás interesada en otro tipo de contacto, de forma amable pero firme.

Ten cuidado en las regaderas o báñate de vuelta a casa.

Si crees que el gym es peligroso en alguna medida, evítalo, busca otro y sigue con tu entrenamiento en un lugar donde te sientas segura y cómoda. Evita olvidar tus llaves, cartera, bolsa, ropa, celular u otras pertenencias que le den motivo a alguien para incomodarte o que les dé información acerca de ti.

Ve a terapia

¿Sientes que eres tu peor enemiga? ¿Hay heridas que no has terminado de sanar? ¿Repites círculos de violencia? ¿Te expones a riesgos constantemente?

Quizás parte de tus problemas puedan resolverse si buscas ser la mejor versión de ti misma. No es como usar una varita mágica, sino que requiere compromiso y esfuerzo, pero al final la más beneficiada serás tú misma. Está probado que son múltiples los beneficios de la psicoterapia profesional.

Como dice el psicoanalista gestáltico y escritor Jorge Bucay (Bucay, 2016, págs. 63-71), en general, hay tres tipos de enfoques en la terapéutica actual:

Enfoque en el pasado: Psicoanálisis.
Enfoque en presente: Gestalt.
Enfoque en futuro: Coaching.

La terapia es ayuda profesional por parte de un especialista, que incluye una metodología la mayoría de las veces probada por años. Busca la que más se adapte a tus necesidades, es decir, a resolver tus conflictos internos y a sanarlos o resignificarlos. El pasado no cambiará, pero el presente puede ser mejor cada vez.

Busca tu paz, tu equilibrio, tu razón de ser. Muchas veces nos ponemos en riesgo porque no sabemos ni hacia dónde vamos. Mientras más cargas llevemos a cuestas, más difícil es avanzar y un número mayor de riesgos podremos encontrar. Recuerda que pagar un terapeuta no es un gasto, sino una buena inversión y que hay todo tipo de tarifas.

Ya en terapia, busca que el terapeuta esté certificado, que tenga experiencia (busca opiniones sobre su trabajo) y que sea respetuoso contigo, incluso que sea empático.

Nadie tiene que ir a terapia para sufrir otro tipo de violencia. Sin consideras que no estás cómoda con el terapeuta o te hace sentir mal, solo deja de ir. Una mirada indecente, un saludo que te incomode, una conversación que no desees tener, confianzas que consideres excesivas o malos tratos serán causas suficientes para cambiar de proveedor del servicio.

Caminar de noche hacia casa

Ten mucho cuidado al hacerlo. Identifica varias rutas para llegar, también vías de escape. Mide tus distancias. ¿En cuánto tiempo puedes recorrer una cuadra? ¿Cuánto haces de un punto a otro de la colonia? ¿Qué obstáculos existen? ¿Dónde hay un punto seguro? Es decir, tienes que estar preparada.

Conoce a tus vecinos, establece contacto con ellos, aunque sea con un *buenos días,* así te reconocerán y podrán ayudarte en un momento dado.

Observa lo que hay en tu camino. Lugares donde podrían esconderse asaltantes para sorprenderte: árboles no podados, terrenos baldíos, entradas de casas oscuras, parques sin iluminación, trayectos con faroles apagados, autos sospechosos.

Lleva tus llaves a la mano, con el dedo metido en la argolla para no perderlas (de todos modos lleva otro juego).

Si hay peligro, corre, toca timbres y puertas, grita, enfrenta al agresor, avienta cosas, pon tierra de por medio, usa tus armas, busca un botón de pánico si hay en tu ciudad, detén un auto, usa la alerta vecinal, o haz algo, pero no te quedes quieta, que no te paralice el miedo.

Armas: taser
(arma de electrochoque o pistola eléctrica)

Qué es: Arma de mano que dispara proyectiles que transmiten una descarga eléctrica en el agresor, por medio de cables o a distancia. Hay versiones tipo lámpara o pluma.

Cómo funciona: Se apunta al cuerpo del agresor y se dispara el gatillo.

Para qué sirve: Inmovilizar al atacante o desmayarlo, huir del lugar.

Dónde llevarlo: En la cintura o en la bolsa, a la mano, fácil de localizar.

Dónde lo prohíben: Camiones, aviones y algunos otros transportes; en escuelas y algunos centros de trabajo; en instituciones o edificios públicos.

Ventajas: Es pequeña, es rápida, fácil de usar, permite escapar e inmovilizar al agresor en espera de ayuda; no es mortal ni discapacitante (usarlo no es delito o es delito menor). Con solo sacarla se puede inhibir el ataque (pero no hay que confiarse).

Desventajas: Puede fallar o no tener la carga suficiente para inmovilizar, alguna autoridad puede querer confiscarla.

Consejos: Revisar que tenga la carga eléctrica suficiente, practicar su uso (no en personas ni en animales vivos).

Ejemplos de uso: En ataques directos y cercanos; para ayudar a otras mujeres.

De acuerdo con la periodista Natalia Guerrero: "Los *tasers* son dispositivos de descargas eléctricas fabricados por una empresa llamada Tasers International que son considerados y promocionados como armas no letales, cuyo objetivo es 'ayudar a los oficiales a doblegar a quienes consideren sospechosos'", "En EEUU su venta, porte y uso es permitido en 43 estados, exceptuando Hawaii, Massachusetts, Nueva York, Nueva Jersey, Rhode Island, y el distrito de Columbia. Las restricciones varían según algunas ciudades y estados" (Guerrero, 2013).

Dos millones de mujeres y niñas son traficadas cada año
para la prostitución, los trabajos forzados, la esclavitud
o la servidumbre… Estas mujeres son nuestras hermanas
y nuestras hijas, nuestras abuelas y nuestras madres.
Esto es inaceptable. Y tiene que parar ahora

ANTONIO BANDERAS

¡Fuego!

Es una señal de alerta o alarma universal. La gente teme al fuego, a los incendios, a las llamaradas, a las explosiones. Por eso, si ante el peligro inminente de sufrir un ataque o al estarlo sufriendo, además de otras acciones, gritas con todas tus fuerzas ¡fuego!, lo más seguro es que alguien voltee a verte, pare su camino, vaya hacia ti o pregunte qué sucede.

Eso te dará varias opciones para salir de la situación de violencia. Primero, porque después de generar la alerta, puedes pedir ayuda a quien haga caso, con lo que entre varios podrán detener la agresión, incluso aprehender al agresor. Segundo, porque el atacante, al verse en evidencia o bajo la mirada de algún público que no esperaba, puede desistir de sus intenciones y escapar. En ambos casos, lograrás el principal objetivo que es no ser víctima de la violencia (Trujano-Ruiz, 1997).

Asalto en transporte público

Si en tu trayecto detectas un peligro, baja de la unidad, pero ten cuidado de que al hacerlo no te pongas en un riesgo mayor.

Si llevas dinero contigo, distribúyelo en varias partes de tu cuerpo. En tu monedero, tarjetero o cartera no lleves tu principal identificación oficial, ponla en otro lado (o déjala en tu casa si no vas a usarla y llevas otra identificación). De ningún modo tengas tus tarjetas del banco ahí mismo.

En caso de un asalto, puedes levantar tu cartera mostrando tu dinero. Últimamente los asaltantes se llevan más dinero en papel, alhajas y aparatos electrónicos y dejan de lado otras pertenencias y monedas. En todo caso, evita llamar su atención y haz que se enfoquen en tus pertenencias, en especial en el dinero y no en ti. No llores, no grites, no intentes huir (a menos de que te ataquen personalmente), mantente relajada lo más que puedas y con la cabeza baja, pero intentando observar lo que sucede durante el asalto.

Al bajar, ve a un lugar seguro, donde te sientas tranquila. Como has tomado tus precauciones, no perdiste tarjetas, identificaciones ni todo tu dinero. Así que toma un respiro, busca tu dinero escondido, cómprate algo que te relaje, como un helado o una bebida y sigue tu día. Cuando puedas, cuéntaselo a alguien y dale los consejos que puedan ayudarle a enfrentar la situación. Si el asalto fue más violento y tienes estrés postraumático, toma una terapia para superarlo.

Evita la embriaguez

Disfruta, bebe, comparte, pero cuídate, sé prudente. Si en sobriedad se corren riesgos, en ebriedad aumentan, en especial si estás ebria junto con otras personas que también lo están.

¿Te conoces cómo eres cuando ingieres bebidas alcohólicas de más? Hay muchos tipos de borrachos: locos, imprudentes, buena copa, cachondos, sensibles, poetas, peleoneros, bromistas, heteroflexibles. Incluso hay quien no cambia su personalidad o solo se desinhibe un poco. ¿De cuál eres tú? Beber en exceso no te hará bien, aunque no se trata de verlo desde el punto de vista médico, moral o religioso, sino desde el enfoque de evitar riesgos.

¿Cuáles riesgos? Violación (individual, tumultuaria…), golpes autoinfringidos o de otros agresores, caídas (que pueden llevar a un daño mayor), consumo de otras sustancias con su respectivo aumento de riesgos, congestión alcohólica, muerte, robo, perder tus cosas o dinero, aparecer en fotos o en videos bochornosos (incluso sexuales), sexo de alto riesgo, peleas callejeras, accidentes automovilísticos, detención policiaca, participación fortuita en algún delito, conflictos en casa, infidelidad, castigos, ausencia en escuela o trabajo.

Puede sonar terrible, pero casos así se ven todos los días a lo largo del mundo, con personas en estado de ebriedad, en especial los fines de semana, puentes de descanso, días feriados y periodos vacaciones, cuando muchos delitos, accidentes y otros siniestros aumentan.

¿Cómo evitarlo? Aquí algunas sugerencias:

—*No consumas bebidas en promoción:* Como 2 x 1, mitad de precio, costo fijo o más baratas por litro. Pueden estar adulteradas, contener un mayor grado de alcohol de lo que parece o ser de baja calidad.

—*No barras libres:* Por lo regular se ofrecen con bebidas corrientes y se suele beber sin control, porque la bebida parecer ser gratis, aunque no lo sea.

—*No beber en exceso:* En general, no es una buena idea y es preferible evitarlo.

—*Conocer cómo reacciona tu cuerpo a diferentes bebidas y cantidades:* Puedes beber con tu familia o amigos cercanos si quieres probar tus límites, así estarás más segura y te podrán decir cómo te sintieron o lo que hiciste en caso de que lo olvides.

—*No bebas sola en exceso:* Esta práctica también conlleva riesgos, como caer en el baño y perder la conciencia o dejar el gas abierto o inundar la casa u otros riesgos, como los de salud, que igual conviene evitar.

—*No retos ni apuestas:* Comunes en estos días (y siempre), en especial en algunas etapas de la vida, a veces incluyen medir quién bebe más que el resto o quién aguanta más o quién llega a ver el amanecer. Esto puede picar el orgullo personal, en especial si la autoestima no está muy bien o si se cree que uno bebe mucho sin consecuencias. Puede ser mortal.

—*No aceptes bebidas de extraños:* Como quien te manda bebidas a tu mesa con un mesero o el barman que te invita un trago más. Si aceptas una bebida de cortesía o de regalo, que la lleven cerrada a tu mesa o la preparen frente a ti.

—*Sal con tu gente:* Amigos y familiares de confianza. Cena, bebe, come botana, pásala genial o comparte, pero con la mayor seguridad para todos.

—*Evita subir con un conductor ebrio:* Podrías morir en un choque o al desbarrancarse. Si estás ebria, viaja con un conductor designado, sobrio y que no esté tan cansado, como para provocar un accidente. En mi universidad, tras un evento, algunos amigos fuimos a un bar. Varias amigas se subieron con un conductor ebrio de madrugada y murieron todos al estrellarse contra un camión. Esas muertes pudieron evitarse.

—*No evites los alcoholímetros:* En cada ciudad en donde los hay se hacen grupos para comunicar su ubicación y que los conductores ebrios los evadan. Esto es un riesgo mayor, así que no participes en estos grupos ni comuniques los puntos de revisión. Si detienen el auto donde vayas con un conductor ebrio les harán un favor y si vas con un chofer sobrio no pasará nada y continuarán su camino.

—*Ten cuidado de ir a fiestas de alto riesgo:* Hay grupos sociales que viven más al límite y en sus reuniones abundan los peligros. Como quienes en plena borrachera salen a la calle a provocar gente o a destruir autos. También hay encerronas de drogas y alcohol, en donde los riesgos aumentan.

Recuerda que cuando una persona ebria pierde la razón, no solo se pone en riesgo a sí misma, sino que también representa un riesgo y/o una carga para sus acompañantes.

Al manejar

Maneja con cuidado y prudencia. Al inicio, toma un curso. También es indispensable que conozcas el Reglamento de Tránsito local y lo respetes; muchos problemas comienzan cuando se cometen este tipo de infracciones.

Si vas a manejar, estudia el mapa. Conoce la vialidades, los sentidos, el nombre de las calles, eso te orientará en caso de que tengas que moverte rápido. Usa Waze, Google Maps u otra aplicación de tráfico, pero no dependas de ella.

Cualquier tarde, sal a conocer la ciudad un poco más, da una vuelta por donde no conoces. Eso te dará dominio cuando debas acudir a lugares que no frecuentes.

En tus trayectos diarios ubica bien los atajos, las salidas, las gasolinerías y no manejes siempre por la misma ruta.

Si se te presenta la oportunidad de pelear con otro conductor, no lo hagas. Sigue tu camino. No saliste a pelear, sino a muchas otras cosas mejores en tu día. Y si quieres pelear... mejor ve a terapia.

Sé amable y cede el paso según la escala de vulnerabilidad de quien usa las vías públicas (peatones-ciclistas-motociclistas-autos) y a los vehículos con circulación preferente (ambulancias, patrullas, bomberos, paramédicos, transporte público).

De preferencia usa estacionamientos en vez de dejar tu auto en la calle (o parquímetros si no hay otra opción); pero si debes hacerlo, ten precaución con los viene viene. Dales un poco de dinero si es necesario, pero no lo que ellos piden, y nunca les dejes tus llaves.

En caso de usar valet parking pide un comprobante y de preferencia hazlo en lugares seguros y con servicios adecuados. No está demás preguntar en el lugar a donde llegues sobre la fiabilidad de quien presta el servicio de cuidar de tu auto.

Si te multan, no discutas ni des mordida, luego ve y resuelve tu situación lo antes posible, paga tu multa y recupera tu placa o licencia de conducir (que siempre debe estar al día).

En especial, contrata un buen seguro, de cobertura amplia y con asesoría personal, te lo vas a agradecer. Si chocas, llama de inmediato a tu seguro y luego a una persona de tu Círculo de Confianza. No apresures las cosas, pues al calor de la situación puedes tomar una decisión equivocada, a cualquiera le pasa. De preferencia no llegues a acuerdos que te generen dudas, espera a que tu ajustador te asesore y que sea él quien haga las negociaciones, siempre bajo tu vigilancia.

Por último, mantén tu auto afinado y en el mejor estado que puedas en lo mecánico, en lo eléctrico y en todos sus aspectos.

Peinados

Otro elemento estudiado por expertos como factor de ataque sexual es el peinado que uses. Los agresores se fijan más en mujeres con peinados con los que les sea fácil someterlas o jalarlas. Una mujer con un chongo apretado corre menos riesgo de ataque que una mujer con una cola de caballo suelta, en especial si tiene el cabello algo largo. El cabello suelto no solo permite jalar de él, sino que dificulta la visibilidad de la mujer, con lo que le será más difícil orientarse o ver la cara del agresor o si tiene un arma (Trujano-Ruiz, 1997).

Es un consejo restrictivo, sin duda, pero que puede ayudarte a evitar estos riesgos, en especial si combinas varios factores de seguridad. Y no se trata de no te peines a tu gusto, solo de que valores dónde puedes peinarte como te venga en gana y dónde es mejor hacerlo con enfoque en tu seguridad.

La importancia de tener cambio

Tener dinero en cambio puede evitarte algunos problemas, como los mencionados en otras entradas. Podrás pagar algunos servicios de forma rápida y sin mostrar tus billetes ni sacar la cartera siquiera.

Si debes pagar, por ejemplo, $25 y sacas un billete de $500 es probable que no te lo quieran aceptar en algunos lugares, además de que a alguien se le puede ocurrir quitártelo mientras haces la transacción. O quizás un ladrón cercano crea que llevas más de esos contigo e intente asaltarte.

Algunas veces terminamos comprando cosas que no queremos ni necesitamos en ese momento para cambiar un billete grande, además de la pérdida de tiempo que eso signifique para ti. Nunca falta quien te diga que va por cambio y no regresa. Si pagas con cambio, también evitarás redondear en algunos establecimientos.

Hay autobuses de pago exacto (como los camiones verdes que circulan sobre Paseo de la Reforma en la Ciudad de México). Si el pago es exacto y no tienes cambio, terminarás pagando más por tu viaje. Con cambio suficiente también podrás dar propinas exactas sin evidenciar lo que lleves en la cartera.

A veces hay máquinas de monedas para comprar refrescos, café, galletas u otros productos cotidianos, que podrás usar sin problemas con tus monedas.

Existen, muchas ventajas, pero ponlo en práctica y verás los resultados.

Acoso en el trabajo

El acoso laboral y otros riesgos son el día a día de muchas mujeres trabajadoras. El acoso se da de muchas formas y tiene consecuencias de lo más variadas.

En primer lugar está el *acoso sexual,* que se da no solo en orden jerárquico (de un superior o una inferior), sino entre pares. Va desde miradas lascivas hasta violaciones consumadas, y puede ocurrir durante años, con sufrimiento constante por parte de la víctima.

Otro es el *acoso laboral,* que muchas veces tiene tintes de explotación. Es cuando te quieren obligar a trabajar de más, a que des tu *mayor esfuerzo,* un *200%,* como dicen algunos jefes. Se te motiva, pero en el mismo mensaje se te pretende obligar a cumplir con obligaciones mucho más allá de tu contrato.

Incluye hacer el trabajo de otros, elaborar reportes de emergencia, cargarte el trabajo en un equipo, pedirte laborar horas extra sin pago, desarrollar funciones de personal que se retiró de la empresa, llevarte demasiado trabajo a casa, hacer encargos personales a los jefes (como ir a su casa por cosas o recoger a sus hijos en la escuela), hasta un etcétera que solo limitan la imaginación y la falta de respeto.

Hay otros acosos, incluso los que surgen nuevos o que se tipifican de diferentes maneras. En cualquier caso, aquí hay algunos pasos que puedes seguir para evitarlos o para protegerte o para terminar con eso:

—*Documéntalo:* Cuando comiences a sufrir acoso, busca los medios para documentarlo (fotos, audios, videos, documentos, correos).

—*Busca a otras víctimas:* Platica lo que te pasa con otros compañeros o con personal que te dé confianza y que quizás sufra lo mismo.

—*Consigue testigos:* Con base en lo anterior, busca testimonios de otras víctimas y recomiéndales que documenten su caso.

—*Cuéntaselo a alguien de confianza:* Recibe su respaldo y consejos.

—*Lee al respecto:* Infórmate, analiza.

—*Toma terapia:* Para que no sean tan graves las consecuencias o las secuelas y para llegar a un posible proceso (interno o legal) lo más fortalecida posible. Lleva el caso hasta sus últimas consecuencias, no desistas.

—*Denuncia:* Asesórate, confía en ti, dale seguimiento al caso y busca el mejor resultado.

Lleva condones

Ya sea para tener sexo con tu pareja, sexo ocasional, sexo consensuado, sexo ebria, sexo drogada, sexo protegido o cualquier variable del placer sexual, lleva condones contigo.

Cuida que no estén caducos, que sean buenos, tamaño estándar o de varios tamaños, que te gusten, que no te desagrade su olor ni su sabor. Compra varios y ábrelos antes de usarlos, conócelos. Tenlos a la mano, en tu bolso o en tu pantalón o chamarra.

La prevención es la mejor arma. Podrás evitar un embarazo no planeado, recuerda que pagar por condones siempre será más barato que criar un hijo. Además, las infecciones de transmisión sexual tampoco son algo agradable y pueden llegar a causarte una muerte prematura. Lleva varios condones, de preferencia en donde no se aplasten. En caso de que los necesites, podrás usarlos.

Y recuerda, si vas a tener sexo, que sea seguro, pero no puedes confiar en que tu pareja, fija u ocasional, los lleve. Puedes usarlos tú o compartirlos con amigas o amigos. Siempre podrás comprar más. En caso de que por alguna extraña razón no tengas y vayas a tener relaciones, antes de hacerlo, pide un condón regalado a alguna amiga. Y si no los tienen, sal a comprar un paquete o pídelos hasta tu domicilio.

Prestar tu celular

No dejes que desconocidos manipulen tu celular. No se lo prestes a extraños para hacer llamadas (es más, ni a conocidos). No dejes que llenen formularios ni manden mensajes de texto.

Si tienes que prestarlo, vigila la pantalla en todo momento, así como las manos de la persona. Si te piden hacer una llamada, y no tienes mucha confianza, hazla tu misma y saluda, dile a la persona que llamas que otra persona te pidió hacer una llamada y ofrécele tu celular en tu mano y con alta voz, así no podrá decir algo en tu contra sin que lo sepas.

¿Qué puede pasar? Acoso, extorsión, rastreo, robo de contraseñas, robo de datos, robo de identidad. En los tiempos de la tecnología de punta, conviene ser más precavido aún.

Recuerda que ya no se trata solo de un teléfono, sino de un aparato multifuncional, que muchas veces tendrá imágenes, videos, información, contactos, documentos, banca electrónica y/o contraseñas que son privadas para ti y que nadie tiene por qué conocer ni tener acceso a ello.

Si alguien te pide prestado tu celular, puedes contestar directamente: "No lo presto, porque tiene información personal" o "Tengo la regla estricta de no prestar mi teléfono para evitar problemas". Si insisten porque tienen la necesidad, solo dile "Pídeselo a alguien más" o "Busca un teléfono público".

Mi esposo el comandante

Es una pantalla que les ha servido a muchas mujeres durante años. Quizás ya la conozcas. La estrategia es que cuando sientas que te puede ser útil, digas una frase como "Mi esposo (o hermano o papá o tío) el comandante (o el policía o el teniente o el coronel o el funcionario poderoso) me recomendó este lugar". O te mandó a hacer algo o te dijo que ahí podrías solucionar tu problema o…

El chiste es que, frente a muchos hombres y mujeres (machistas o no), el hecho de que una mujer esté respaldada por un agente de la ley (o policía o militar o ministerio público o abogado) puede inhibir una mala conducta hacia su persona.

Por ejemplo, cuando una señora que yo conocía llevaba su auto a un taller y no mencionaba a su supuesto esposo policía, siempre sentía que la engañaban o robaban con el precio; pero cuando en otro taller sí lo mencionaba, algo así como "Necesito que el auto quede súper bien, porque si no mi esposo, que es comandante de la policía, se enoja", entonces sí la atendían bien y dejaban su auto en orden.

¿Cómo hacerlo? Con prudencia, pero con seguridad. No lo uses siempre, al parecer, tiende a resultar inverosímil.

¿Qué no hacer? Usarlo muy cerca de casa o en el trabajo. Presumir o fanfarronear con ello. Dar detalles o contestar muchas preguntas al respecto. Nunca te la creas ni te sientas protegida del todo, siempre mantén tu alerta con otras estrategias.

**Armas ocasionales
(llaves, pasadores, peinetas, peines, plumas)**

Qué son: Armas circunstanciales que permiten responder a una agresión física directa.

Cómo funcionan: Se usan contra el cuerpo del agresor, en puntos débiles como genitales, ojos, orejas, cuello, abdomen.

Para qué sirven: Provocar dolor al atacante, evitar mayor violencia, enviar el mensaje de que no estás indefensa.

Dónde llevarlas: En la bolsa del pantalón o falda, en la bolsa, a la mano.

Dónde las prohíben: Aviones (hay pocas restricciones).

Ventajas: Son objetos de uso cotidiano, que con frecuencia se llevan encima.

Desventajas: Ante el ataque se puede olvidar su uso, por el miedo paralizante; pueden no generar el suficiente daño para evitar una agresión mayor.

Consejos: Aprender a usarlas de la mejor manera, practicar sin agredir a personas cercanas.

Ejemplos de uso: En ataques físicos directos y cercanos, en intentos de violación, en violencia doméstica.

Viajes de trabajo

Son frecuentes en diferentes profesiones y si tienes tu propio negocio. Son buenas opciones para expandir el mercado, atender clientes, conocer nuevas oportunidades, tomar capacitaciones, consultar especialistas.

Viajar ya representa en sí mismo una aventura, por breve que sea, pero también un riesgo o varios. Es importante que puedas prever los riesgos y prevenirlos o afrontarlos de la mejor manera. Para ello, puedes tomar en cuenta los siguientes aspectos, aunque cada viaje incluye circunstancias específicas.

Aquí algunos puntos a tomar en cuenta para tener una mejor experiencia:

—*Transporte*: Busca la mejor opción, con enfoque en tu seguridad, no en el precio ni en el tiempo de traslado. Puede ser desde un avión (de cualquier clase), un camión (ese sí, el mejor o ejecutivo), un auto compartido (como ofrece la app Blablacar, cada vez es más popular en México, como ya lo era en otros países), taxi o Uber. O definitivamente en un auto (propio, de la empresa o rentado), si es así, procura usar vías de pago, que suelen ser más seguras que las libres.

—*Hospedaje*: Busca lo seguro, un lugar que tenga buenas chapas en las habitaciones, que no haya muchos bares alrededor, que tengan caja de seguridad. Busca referencias del lugar en internet o con conocidos. Cierra bien puertas y ventanas, incluso si estas dan a un balcón. Una opción que ha ganado usuarios es Airbnb, que gestiona hospedaje en viviendas de particulares, pero tú debes valorar su conveniencia.

—*Comida*: Consume en lugares saludables e higiénicos, para no enfermarte. Puedes dejar los antojitos para el último día, por si te caen mal.

—*Vestido*: Lleva ropa profesional, pero cómoda y si sales no olvides andar en tenis.

—*Enfócate*: Si vas a trabajar, dedícate a ello. No emprendas tours o paseos que te distraigan de tus objetivos, a menos de que hayas terminado con tus pendientes.

—*Entretenimiento*: Si tendrás alguna salida nocturna (sola o acompañada), evita beber en exceso o ir a lugares de riesgo (palenques, locales de peleas de gallos u otros animales, conciertos a las afueras, burdeles, lugares con venta de drogas, etcétera). Asegura el regreso seguro a tu habitación. Si estás dispuesta a una aventura ocasional con algún pretendiente o conquista, cuídate, usa condón; y si prefieres dormir sola, díselo y hazlo efectivo.

Acoso económico

Es una práctica común que muchas veces no llega a tomarse por acoso, por diferentes razones. Siempre involucra que tu dinero cambie de manos, la mayoría de las veces sin tu total voluntad, o sin tu intención inicial de que eso suceda. Por lo general, puede identificarse como que tu dinero va a cubrir la necesidad de otra persona, no la tuya (aunque obtengas algún producto o beneficio de ello). No es una transacción saludable para ambas partes.

Puede provenir de diferentes personas cercanas o no. Como la familia (pareja, hijos, hermanos, padres, familia extendida, familia política, familia segunda); compañeros de trabajo o jefes o empleados tuyos; amigos o conocidos; vecinos; gente en la calle.

Hay varios casos:

—*Te piden directamente dinero:* Porque lo necesitan y tú lo tienes. Muchas veces saben que lo tienes por alguna razón. Suelen apelar al chantaje o la lástima. Suele ser para pagar urgencias, para supuestamente prestarle ese dinero (el tuyo) a otras personas necesitadas. Muy probablemente, nunca verás ese dinero de vuelta.

—*Te venden a la fuerza:* Llegan con su catálogo o varios de ellos, sonrientes, pero sin hacer una real labor de venta. Te fuerzan a hacer un pedido, aunque sea mínimo, a veces con el argumento de que los ayudes a llegar a una meta. Quizás te interesen algunos de esos productos, pero no crees necesitarlos en ese justo momento. Te piden pago por anticipado y te entregan a su tiempo un producto que quizás regalarás o irá a parar a las cosas sin uso en tu hogar.

—*Te prestan sin que pidas:* Son los magnánimos que llegan con un cheque o efectivo y te lo dejan con el argumento de que te ven necesitada o que te quieren hacer un favor. Tú no lo necesitas o quizás sí, pero no lo pediste. Suelen ofenderse si los rechazas.

—*Te modifican tu dinero:* Quieren cambiarte efectivo por vales o cheques, te piden hacer cambios de divisas que no te benefician (como que les cambies unos dólares a un precio superior al del mercado), te piden que pagues a meses sin intereses alguna cosa suya o en lugar de pagarte en efectivo quieren darte mercancía.

—*Te niegan tus prestaciones:* Como cuando incluso habiendo un contrato de por medio, tu cliente quiere pagarte menos; o un familiar te quiere pagar menos intereses por un dinero que acordaste prestarle a rédito; o en el trabajo te dan de baja tus prestaciones de ley temporalmente o te reducen o niegan el aguinaldo o las primas vacacionales.

Si no estás cómoda, sal de ahí. Con esfuerzo y preparación puedes estar en un lugar donde se te respete. Si no te gusta algo como para comprarlo, di no y no sueltes tu dinero (si hicieran un pedido a tu nombre, será a riesgo suyo). No te dejes llevar por la intimidación o el chantaje. Administra tu dinero y no dejes que alguien más se meta con él. Aléjate de las personas que insistan o renuncia a tu trabajo si no puedes mejorar las condiciones que padezcas. En cualquier caso, pregunta, asesórate, muévete, haz algo a tu favor.

Abastece tu guarida

He escuchado de muchas personas que por andar buscando una aspirina a las 2 de la mañana o cosas de la papelería o cigarros o algo más se pusieron en riesgo. Como es obvio, se trata de hechos que pueden prevenirse o evitarse con facilidad.

Asegúrate de tener en casa siempre: comida, bebidas, jabones, agua, gas y todo lo necesario para que no tengas que salir de noche.

Si tienes hijos o tú misma estudias y sueles ocupar material de papelería, procura abastecerte de ello también. Con niños de primaria hay cosas que son frecuentes y de las que puedes tener un guardado, que si no ocupas de todos modos no caducan, como cartulinas, papel china de colores, plastilina, papel de colores, revistas pasadas, limpiapipas, además de repuestos como gomas, lápices, sacapuntas, plumones, gises, cuadernos, entre otros.

También procura un botiquín con por lo menos lo básico, como gasas, vendas, alcohol, pomadas, aspirinas, desinfectante, paracetamol u otro analgésico, curitas, algodón. Pero también ten de reserva, sin exagerar, desodorantes, pasta y cepillos de dientes, toallas, cotonetes, pinzas para sacar astillas.

En el refrigerador y la alacena, siempre ten algo para cenar, por si no deseas salir de noche a buscar comida. Por ejemplo, leche en polvo, cereal, atún, barritas energéticas, alegrías de amaranto, palanquetas de cacahuate, granola, frutos secos, latas de conservas.

Cuando tocan a tu puerta

Sé cuidadosa y atenta. Mantén tus puertas cerradas. Si alguien toca a tu puerta (o timbre), procura tener un sistema de comunicación lejano (interfón) y una visión del exterior de tu casa, así no tendrás que abrir antes de saber quién es o por lo menos preguntar quién te visita.

Observa, escucha, pregunta, confirma la información, enciende luces, prepara una excusa o argumento posible.

Si abres, cuidado, no confíes en lo que te dicen. No pruebes nada, no recibas nada, con compres directamente, no te descuides ni dejes de atender lo que estabas haciendo. No salgas con un desconocido a la banqueta. No lo dejes entrar a tu vivienda así como si nada. Ante cualquier sospecha, mantente atenta. Llama a tus vecinos, di que le hablarás a la policía, hazlo.

Sé cortés pero firme. Si tienes visitas inesperadas de familiares o amigos, no tienes por qué recibirlos. Si hay algún conocido con un problema grave, atiéndelo afuera o vayan a un lugar público, antes de exponer tu casa.

Un ejemplo de esto lo vivimos hace tiempo: una familiar llegó con su novio pidiendo que los dejáramos quedarse unos días con nosotros. Yo sabía que al novio lo buscaba la policía. Me costó trabajo, pero les dije que en esas condiciones no podían ni siquiera pasar, pues eran prófugos, por lo menos él, además de que no habían hablado con franqueza. No íbamos a arriesgarnos a ser cómplices (y víctimas) de algo que no nos importaba. En otros casos, solo ignóralos y sigue tu día.

Contrata seguros

Se contratan seguros no para asegurar que no sucedan siniestros, sino para sentirnos más seguros en caso de que sucedan. Es decir, mejor tenerlo y no usarlo, que viceversa. Hay algunos seguros obligatorios, como el seguro de auto para obtener tu licencia o tarjeta de circulación. Ese no lo podrás evitar. O el de un celular o aparato electrónico, en especial cuando se trata de compras a crédito.

La gama de seguros en la actualidad es amplia y el objetivo de contratarlos y pagar por ellos es claro: evitar una pérdida mayor o catastrófica.

Por ejemplo, cuando te roban el celular y lo tienes asegurado, de forma sencilla vas con tu proveedor de servicio y te lo reponen con una breve cantidad, casi siempre un porcentaje menor del costo del equipo.

Así, con una inversión no importante puedes recuperar tu aparato y continuar con tu vida. Si el celular cuesta $5,000 quizás pagues por la reposición entre $300 y $1,000, además de que tendrás un equipo nuevo. Pero... si no lo tenías asegurado, deberás desembolsar los $5,000 completos, en caso de que puedas y quieras reponerlo.

Aunque si no los tienes para gastar en ese momento, entonces terminarás usando (comprando) un celular de menor precio y menor calidad, con funciones menores del que te robaron. Contratar un seguro es una práctica de prevención.

Puedes asegurar tu casa por muchos rubros: contra robo, incendio, catástrofe natural y otros aspectos.

Por ejemplo, puedes asegurar tus diversos bienes, como muebles, otros vehículos, computadoras, obras de arte, joyas y algunos accesorios.

Si tienes un negocio, haz lo mismo. Asegura tu local (en su caso), tus equipos, tus bienes muebles e inmuebles, tu inventario, tus mercancías cuando viajan, a tus empleados.

Consulta a un asesor de seguros, te sorprenderás de las muchas opciones que tienen para ofrecerte. Además, hasta donde sé, si se contratan varios seguros, el costo puede bajar.

Algo adicional es que contrates una tarjeta con protección adicional (*black*) o seguro en caso de fraude, robo u otra anomalía. Hay diferentes opciones, consulta en tu banco.

Puertas y ventanas en casa

Cuida que funcionen, en sus goznes, bisagras, chapas, rieles, mosquiteros, herrerías y demás componentes. Hay muchas posibles recomendaciones aquí. Lo mejor es contratar a un especialista, pero también revisar los siguientes aspectos:

—Que ventanas y puertas no puedan abrirse por fuera.
—Que no sean endebles.
—Que incluyan protecciones de herrería.
—Que no se encuentren oxidadas.
—Que estén bien aceitadas.
—Que abran y cierren bien.
—Que no se abran fácilmente al empujarlas.
—Que los vidrios sean resistentes (en su caso).
—Que tengan cortinas no traslúcidas.
—Que tengan chapas de seguridad (una o dos).
—Que solo tú tengas las llaves que las abre.
—Que te permitan observar el exterior.

Puedes incluir seguros interiores adicionales para reforzar ventanas y puertas, hay de muchos tipos en las tiendas de cosas del hogar y quizás tú misma puedas instalarlos. Eso dificultará la entrada de ladrones y agresores, con lo que podrán buscar otras opciones, más fáciles para cometer sus fechorías.

Datos personales

Son personales porque no son públicos. No se los des a cualquiera que encuentres por ahí. A un tipo en el parque, a un cajero del supermercado, al señor de la tienda de la esquina. De preferencia, no lo hagas. ¿Qué ganarías con eso? Ponerte en riesgo.

Los datos personales son muchos y de diferentes categorías. En México, el IFAI es la institución encargada de la protección de datos personales y nos dice que:

Existen diferentes categorías de datos, por ejemplo, de identificación (nombre, domicilio, teléfono, correo electrónico, firma, RFC, CURP, fecha de nacimiento, edad, nacionalidad, estado civil, etc.); laborales (puesto, domicilio, correo electrónico y teléfono del trabajo); patrimoniales (información fiscal, historial crediticio, cuentas bancarias, ingresos y egresos, etc.); académicos (trayectoria educativa, título, número de cédula, certificados, etc.); ideológicos (creencias religiosas, afiliación política y/o sindical, pertenencia a organizaciones de la sociedad civil y/o asociaciones religiosas; de salud (estado de salud, historial clínico, enfermedades, información relacionada con cuestiones de carácter psicológico y/o psiquiátrico, etc.); características personales (tipo de sangre, ADN, huella digital, etc.); características físicas (color de piel, iris y cabellos, señales particulares, etc.); vida y hábitos sexuales, origen (étnico y racial); entre otros" (IFAI, 2017).

¿Por qué protegerlos? Ofrecen, solos o en conjunto, información importante de ti misma, que bien usada para el mal, podrían ayudarle a alguien a perjudicarte.

En México la Ley Federal de Protección de Datos Personales en Posesión de los Particulares es la que norma el resguardo de este tipo de información.

¿Qué puede hacer alguien con tus datos?

—*Fines comerciales:* Hablarte o contactarte para ofrecerte productos, promociones, hacer encuestas o enviarte catálogos, entre otros.

—*Fines políticos:* Encuestas, promoción del voto, ofrecer boletos de rifas, invitarte a sus eventos, intentar recolectar más datos.

—*Fines delictivos:* Robo de identidad, secuestro, robo, extorsión, acoso, amenazas.

Cuida lo mejor que puedas tus datos personales. Si los tienes a resguardo y no los compartes con desconocidos, podrás dormir más tranquila y no preocuparte por cosas innecesarias.

Un ejemplo práctico es cuando tienes que enviar paquetes por correo tradicional o algún servicio de paquetería. De preferencia usa la dirección de tu trabajo, no la de tu domicilio. Y si mandas muchos paquetes, mejor contrata un apartado postal.

Un machete debajo de la cama

Es literal y no es una mala idea. Solo ve, compra un machete, mantenlo afilado, ponle una funda si lo consideras necesario y ponlo debajo de tu cama o atrás del buró, o detrás de la puerta de entrada o donde te convenga más, cerca de ti, fácil de ubicar y tomar, para blandirlo y defenderte de ser necesario.

Y aprende a usarlo, practica, por ejemplo, cortando las ramas de un árbol, los arbustos o algo así, para que te sientas con la seguridad de poder usarlo en caso de necesitarlo. Es extremo, sí, pero puede salvarte la vida y servirte para otras cosas.

Aún no se aprueba el tener armas de fuego en las viviendas, para protección, como sí sucede en otros países (EUA, Canadá...), por lo menos no de forma general en México, pero un machete, según sé, no está prohibido.

Grabar en la vía pública

Lo que no está prohibido en la ley, está permitido. Hay que sumar a esto que las redes sociales son altamente efectivas en denuncias públicas. Por eso, puedes grabar en la vía pública, porque lo que ahí ocurre puede considerarse un hecho de interés público. Y recuerda que un material gráfico o audiovisual puede servir para evidenciar una mala conducta, pero también como prueba en un juicio. No digo que sea una prueba siempre, sino que puede serlo. Ningún policía tiene por qué decirte, desde el punto de vista legal, que dejes de grabar. Lo único que hay que cuidar con los policías/uniformados/funcionarios públicos es no interferir, al grabar, con las funciones o atribuciones que les da la ley.

Es largo ya el anecdotario de cómo un video que se vuelve viral hace que no se cometa un delito o que se inhiba una acción violenta o que diferentes funcionarios abusen de su poder. Puede tratarse de una trasmisión en vivo (con aplicaciones como Facetime o Periscope u otras), un video desde un celular o una cámara de videovigilancia encendida.

Las precauciones a tener son mantener la cámara encendida, enfocarla hacia lo que se desea grabar, limpiar la lente, ser discreta, mantener la distancia con autoridades, de preferencia no grabar a menores de edad, no ser violenta aunque sí firme, guardar una copia del video en el aparato o en la nube.

Ten tus documentos en orden

Te servirá para muchas situaciones: temblores, robos, extorsión, mudanzas, secuestro, balaceras, evacuaciones...

También si necesitas un documento en alguna denuncia (contratos, comprobantes de pago, CURP, acta de nacimiento), juicios, testamentos, residencia, trabajo, trámites de pasaporte, escuelas, viajes, hijos, matrimonio, divorcio, bancos, compra-venta de cosas, arrendamientos, hacienda...

Evitarás perder tiempo, dinero y esfuerzos.

Si por algo debes huir, cambiar de casa o de ciudad, mudarte, si te separas, si vuelas o si migras dejarás menos pendientes.

En el caso de que tengas que dejar el país será especialmente importante que lleves todos tus documentos en orden y que dejes una copia con alguien de tu Círculo de Confianza. De preferencia, en un sobre cerrado, todo en orden y con un rótulo con tu nombre. Si la persona que los tenga ya no puede guardarlos, debes asegurarte de que los pase a otras manos que puedan darles el mismo cuidado.

En caso de que pierdas los que tenías contigo, podrás pedirle que haga una copia (deja para ello una carta poder) y que te mande un juego hasta donde estés.

Túneles y bajopuentes

En general, es preferible evitarlos, en especial por las noches y madrugadas, sobre todo en zonas de riesgo. ¿Por qué? Ponen a los peatones en una condición de vulnerabilidad y suelen ser lugares públicos preferidos por agresores para buscar a sus víctimas.

Puentes, cruces, túneles bajo tierra o a nivel de la banqueta, bajopuentes u otros similares comparten varias características:

—Cuentan solo con dos accesos, digamos uno de entrada y otro de salida.

—Muchas veces están mal iluminados o son oscuros por completo.

—Suelen ser solitarios, pues son lugares de tránsito, no destinos.

—A veces tienen recovecos o rincones en donde pueden esconderse agresores.

—Para el agresor es fácil huir y tendrá dos opciones para ello. Además, una vez afuera, estará en la calle, donde podrá escapar por varias rutas.

—Son lugares estrechos, por lo que existe poco espacio para maniobras de defensa.

—No hay mucha vigilancia presencial ni con cámaras de vigilancia por parte de autoridades.

—A pesar de ser públicos y transitados, son riesgosos, pues algunos usuarios no se detendrán a ayudar a una víctima, por sentirse vulnerables también.

Estos lugares abundan, en especial en las ciudades, en el metro, para cruzar avenidas, en el metrobús, en parques públicos, en avenidas grandes, en plazas públicas, en centros comerciales, en aeropuertos y terminales de camiones, entre otros.

¿Cómo evitar o enfrentar un ataque?:

—Elige otros accesos.
—Lleva alguna de tus armas a la mano al iniciar el trayecto.
—Si ves a alguien sospechosos sal de ahí.
—Camina rápida, firme y decidida, segura, preparada para la defensa.
—Calcula en cuánto tiempo saldrás de ahí y cuál sería la mejor opción en una posible huida.
—No lleves audífonos ni uses tu celular ni otros aparatos que puedan ser distracciones.

Maestros conquistadores

Cuando en Querétaro (a donde emigré) entré a trabajar a una preparatoria grande (unos mil estudiantes), de gran prestigio, la persona que me entrevistó me preguntó qué pensaba de las relaciones íntimas entre maestros y alumnos en un colegio como ese. Yo le dejé clara mi postura, con base en mis valores. Creo que no deben darse relaciones así y que no son los alumnos sino los profesores o profesoras quienes suelen buscarlos.

¿Por qué pienso esto? Fui maestro durante catorce años. Me enfrenté a muchas situaciones y aprendí que cuando una alumna se *enamora* de un maestro (o maestra) es con la base de una admiración, un respeto, un ensueño débil y al que los maestros casi no dan pie. Entonces, enamorarse del maestro no está mal, por parte de una alumna o alumno, pero que un maestro trate de seducir o *enamorar* a alguno de sus estudiantes, eso sí me parece nada ético.

¿Por qué un profesionista ya adulto y con años de experiencia en la vida adulta necesita seducir a una alumna menor de edad, a la que no habría conocido por cuenta propia en ningún otro sitio? Desde cualquier punto de vista, se tratará de una relación desigual, ventajosa y la mayoría de las veces abusiva del adulto hacia la menor. Hay muchas opiniones, esta es la mía.

Entonces, cuidado con los maestros galantes y conquistadores, o con los acosadores y rabos verdes. Una estudiante va a la escuela a aprender y a relacionarse de forma íntima (como amiga, novia o sexualmente) con sus pares, no con sus maestros. A la primera provocación de parte de un maestro así, háblalo en casa, con tus padres, hermanos, tíos o alguien de confianza, pero luego delátalo en la escuela misma, con el apoyo necesario.

En la preparatoria que refiero (como en tantas) hubo el caso de un maestro que negaba estar casado y pretendía ligar con las alumnas, con las estrategias más variadas (supuestas clases extra, enamoramiento, apoyo, dinero...). El maestro fue vigilado después de varias denuncias, se habló con él y finalmente fue despedido, según supe. Días después, algunas alumnas me confiaron que a ellas también las acosaba, poco o mucho, y que les daba gusto que se hubiera ido. La escuela debe ser un lugar seguro y que permita el desarrollo libre y natural de las personas de acuerdo con su edad, libre de acoso.

Eso no quiere decir que no se le pueda tener confianza a un maestro, pero una cosa es confianza y otra es intimidad. Confiar en un maestro puede ser positivo. Es algo que también parte de la admiración, el respeto y la necesidad de aprender de alguien con más experiencia. Ningún maestro debería rebasar estos límites, pues como docentes podemos influenciar, para bien o para mal, en la vida de otras personas en pleno crecimiento. Como adultos, elijamos hacer lo correcto siempre y proteger a las estudiantes de todo tipo de violencia.

Si llegas a tener un acoso reiterado y la escuela no hace lo necesario, acude a las autoridades civiles a denunciar el hecho, a derechos humanos, a la Fiscalía de Atención a la Mujer de tu localidad o lo que aplique. No esperes a ser víctima de un ataque o ser manipulada ni vivir con miedo.

En el cajero automático

¿Tienes una cuenta bancaria? ¿Y ya diste de alta tu banca electrónica? ¿Descargaste la app para tener el servicio de banca en línea en tu smarthphone? No pierdas más tiempo, ve a tu sucursal, date de alta y comienza a disfrutar de los beneficios de hacerlo.

Podrás consultar tu saldo y tus movimientos, hacer pagos y transferencias (que además dejarán una huella que podrás consultar en el tiempo), entre otras operaciones. Además, cada vez son más los establecimientos que aceptan pagos con tarjeta o con transferencia.

Con esto ahorrarás mucho tiempo y dinero, pero además evitarás en gran medida usar los cajeros automáticos y sucursales bancarias para hacer pagos o retirar dinero. Con estos servicios también evitarás comisiones y en muchos casos tendrás descuentos.

Si no puedes evitar ir al cajero, en especial a retirar tu dinero, toma en cuenta los siguientes consejos de seguridad:

—No vayas de noche.

—Ve a un cajero concurrido, en una plaza comercial o plaza pública.

—Revisa que sea lo más seguro posible, tanto por la ubicación como por el local mismo donde se encuentra.

—Evita retirar grandes cantidades de dinero.

—Si ves a alguien sospechoso, ten mucho cuidado, de preferencia sal de ahí.

—Si alguien te quiere ayudar (y no trae uniforme y gafete del banco), evítalo o sal de ahí.

—No dejes que nadie tome tu tarjeta. Si alguien se acerca mucho (con esa intención), protege tu tarjeta, guárdala y sin dar explicaciones sal de ahí.

—No olvides tu tarjeta dentro del cajero, no te vayas sin ella.

—No tardes mucho en el cajero.

—No te distraigas, por ejemplo, no contestes el celular ni revises tus redes sociales ni te metas en una plática profunda si vas acompañada.

—Cuando retires tu dinero, guárdalo rápido, lo mismo que tu tarjeta (en bolsas diferentes) y con las manos libres sal del lugar.

—No salgas con el dinero en las manos.

—Evita ir al cajero con niñas.

—Otra buena opción es retirar dinero en el supermercado, donde si compras no te cobrarán una comisión, además de que resulta un lugar más seguro porque hay mucho movimiento y la gente por lo general va a esos lugares a gastar dinero, no a sacarlo.

En conciertos

No son leyendas urbanas los casos de ataques o agresiones en conciertos. Recuerda que la multitud es aprovechada por delincuentes, pervertidos o mañosos.

Algunas agresiones en conciertos u otros eventos públicos suelen ser:

—Poner drogas en las bebidas de mujeres para abusar de ellas. Conviene comprar solo bebidas cerradas y abrirlas personalmente, además de no descuidar tu trago. Si lo dejas en algún lugar y vuelves por él, es mejor tirarlo e invertir en otro.

—Los acosadores abundan, pero en la colectividad es viable evidenciarlos. La gente que va a conciertos desea pasar un buen rato y evitar este tipo de acciones, así que por lo general es fácil encontrar apoyo en los asistentes, además de que suele haber personal de seguridad con quien denunciar a los pervertidos.

—Golpes y agresiones directas. Muchas veces la gente se excede en su consumo de alcohol o drogas y comienza peleas o agresiones físicas. En este caso, es preferible evitar a dichas personas, alejarse de ahí (no quedarse a ver qué pasa), denunciar con el personal de seguridad e ir a un lugar seguro.

—Al ir al baño pueden presentarse situaciones de riesgo, porque sean mixtos, estén algo escondidos o haya agresores. Acude acompañada y hagan turnos para usar los servicios. Denuncia en caso de peligro.

—Para volver a casa, después de un buen concierto, asegura desde antes el medio en que lo harás: auto particular con un conductor asignado, Uber, taxi, transporte público u otra forma, incluso a pie, de acuerdo con la ciudad, la distancia, la hora, la zona y la compañía.

—De preferencia, lleva ropa cómoda, que te permita bailar, brincar, moverte, correr, patear.

—Evita llevar una bolsa de mano grande y estorbosa en ese contexto. Solo carga contigo lo indispensable, como una identificación, dinero en efectivo y tu celular.

Visitas extrañas en casa

Es común que lleguen visitas a casa, temporalmente o que se queden varios días. A veces son amigos, familiares directos o familiares políticos, viejos conocidos, compañeros de trabajo, personas de intercambio o feligreses de tu iglesia.

Solemos abrirles la puerta y dejarlos estar, porque no nos provocan especial desconfianza. Sin embargo, no hay que ser tan laxos en nuestras normas de seguridad en casa.

Cuando llegue alguien así, es importante establecer reglas para esa persona, tan básicas como que los invitados no pueden acceder a toda la casa sin restricciones (hay quien llega y quiere conocer la casa a detalle).

Puedes mostrar los espacios de convivencia, pero no es indispensable que les enseñes los lugares íntimos de tu vivienda.

Asígnales un lugar para dormir (sala, cuarto de servicio, habitación de huéspedes) y restringe sus movimientos, en especial no permitas que entren con libertad a tu cuarto ni al de otras mujeres o menores de edad.

Una vez llegada la noche, por ser alguien que pernoctará en tu casa, es preferible no prolongar las fiestas o desveladas hasta muy noche ni beber en exceso (ni tú ni los invitados), porque esto es un factor de riesgo en sí mismo.

Además, es conveniente cerrar las puertas que haya que cerrar, poner las llaves o cerrojos necesarios, proteger a los menores de edad de forma especial y evitar estar sola.

En el caso de los menores, se evitan riesgos si los llevas a dormir contigo, ya sea en la propia cama o en una aparte, y cierra bien la puerta, de este modo se les protege y se les apapacha.

También cuida tus pertenencias de valor y de preferencia no les des acceso a tu hogar por su cuenta, sino solo cuando tú o tu familia (adultos) estén en casa. Si tienes joyas, no querrás perderlas, así que ponlas en un lugar seguro.

Y ante cualquier amenaza o riesgo o agresión (incluso verbal) de parte de los invitados o huéspedes, puedes despedirlos, sacarlos de tu casa, incluso si para eso debes llamar a la policía. Es tu derecho.

Encerrada en un maletero

95

Conoce tu auto, revisa si tiene un sistema de escape en caso de ser encerrada en tu propio maletero. Si lo tiene, practica usarlo, aunque parezca de risa. Dile a alguien que te ayude, enciérrate en él e intenta salir con las instrucciones del mismo. Si tu auto no tiene ese sistema, instálale uno, cada vez son más populares y económicos.

En el caso de que te encuentres encerrada en un maletero ajeno, busca si tiene un sistema de escape. Si es un modelo reciente, quizás lo tenga. Mantén la calma, búscalo; si lo hallas, úsalo y sal de ahí. No esperes a que el auto esté detenido, intentas salvar tu vida, así que apenas abras el maletero, asómate afuera y brinca, luego corre en sentido contrario de la calle.

Llamadas de extorsión

Comunes por lo menos en todo Latinoamérica, este tipo de llamadas incluyen un juego psicológico, para que les des dinero a los delincuentes. También se llaman virtuales, porque la amenaza real nunca o casi nunca existe.

Hay varios tipos:

—El supuesto pariente que tuvo un accidente.

—La supuesta hija secuestrada.

—La madre o abuela secuestrada.

—La amenaza del sicario que ya tiene rodeada tu casa.

—La de los seudoservicios de cobranza que amenazan con hacerte daño si no pagas una deuda ficticia.

—La de los premios fantasmas, que para poder cobrar primero debes pagar.

—La del secuestro telepático…

Los límites de variables solo están en la imaginación de los delincuentes.

Un extremo lo conocí en el caso de una mujer, de unos treinta años, familiar político en alguna ocasión, a quien le llamaron al teléfono fijo de su casa (donde vivía con sus padres) para decirle que la tenían secuestrada, así, sin más.

Le dijeron que sus familiares no la ayudarían, que sabían que estaba sola en la casa y a partir de eso comenzaron a manipularla, ¡todo por teléfono! Le pidieron apagar su celular ¡y lo hizo! Claro que el teléfono de casa no se queda sin pila, así que la tuvieron por horas sometida a ese engaño. Luego, les dio los teléfonos y demás información de muchos de sus parientes, números de tarjetas bancarias, etcétera.

Más tarde, cambiaron la llamada a su celular, sin soltar el fijo, y así le dieron indicaciones de depositar unos cuantos miles de pesos a través de una tienda de conveniencia. Y ella obedeció, pero eso no fue todo. Como ya la tenían dominada por el miedo, le dijeron en todo momento que no contestara llamadas de nadie más, obvio, porque de hacerlo se revelaría el engaño. Por la noche, la mandaron al cajero para retirar dinero, con parte de ello, le dijeron que rentara una habitación en un hotel y ahí estuvo dos días. Mientras tanto, los delincuentes llamaron a sus familiares para decirle que la tenían secuestrada, y como no aparecía ni contestaba el teléfono, lo creyeron y pagaron mucho dinero por su supuesto rescate. Cuando se dieron por satisfechos, los secuestradores le dijeron a la joven que tomara un taxi de vuelta a su casa. Cuando llegó y contó lo ocurrido y se enteró del robo, todo quedó claro.

Por eso, para evitar alarmas, ansiedad y pérdidas catastróficas, hay que tomar en cuenta los siguientes puntos al recibir una llamada extraña. En primer lugar está el no recibirla, es decir, no contestar si no sabes quién es. Luego, si acaso lo haces, mantente en calma y no pierdas de vista que la manipulación telefónica es muy agresiva y que cualquiera puede caer.

Por eso, al contestar una llamada de un número que no tengas registrado o que te parezca extraño o sospechoso, evalúa estos puntos:

—¿Reconoces a la persona que te habla? Pues no digas su nombre, sino que pregunta quién es, cómo se llama, de dónde te conoce, por qué tiene tu número.

—Si la persona está alterada, dile que se calme; es casi imposible ser frío con alguien que habla alterado, pero es importante que mantengas la calma. A final de cuentas, no estás frente a esa persona, sino que se encuentra lejos de ti y en cualquier momento puedes colgar.

—Si tienes dudas, cuelga; si te da miedo, cuelga; si sospechas, cuelga; si te piden dinero, cuelga; si te lo dice tu intuición, cuelga. No sufras, cuelga. Si se tratara de un secuestro real, te volverán a llamar, mientras tanto, tú puedes verificar la información que te dieron de inicio (son hábiles *vendedores*), llamando a tus familiares cercanos. Si los localizas a todos o a los suficientes y están bien, puedes estar tranquila, era un intento de extorsión telefónica.

Además, cuando te hagan una llamada así, cuelga y registra el o los números como "No contestar 1", "No contestar 2", etcétera. Puedes mandar los números a la familia, para que hagan lo mismo, como una precaución adicional.

De preferencia, no trates de jugar con los extorsionadores, como tantos videos que se pueden ver en Youtube, porque perderás un poco de tu valioso tiempo, además de que quizás te alteres o guardes dudas sobre tu seguridad.

Violencia obstétrica

La violencia en los servicios médicos para las mujeres es frecuente. La violencia obstétrica es de las peores. Se trata de la salud sexual y reproductiva de la mujer.

De acuerdo con Laura F. Belli: "Esta clase de violencia se expresa mayoritariamente —aunque no con exclusividad— en el trato deshumanizado hacia la mujer embarazada, en la tendencia a patologizar los procesos reproductivos naturales y en múltiples manifestaciones que resultan amenazantes en el contexto de la atención de la salud sexual, embarazo, parto y post parto" (Belli, 2013, pág. 4).

Incluso "la Convención Interamericana para Prevenir, Sancionar y Erradicar la Violencia contra las Mujeres Convención Belem De Pará (1996) ha alertado sobre la importancia del respeto de los derechos sexuales y reproductivos, definiendo a la salud sexual y reproductiva como una parte inalienable, integral e indivisible de los derechos humanos universales" (Belli, 2013, pág. 7).

¿Qué derechos deben respetarse en estas circunstancias? De acuerdo con la misma fuente, en la consulta y en cualquier tratamiento o intervención ginecobstétrica, la mujer tiene los siguientes derechos:

—Derecho a la vida.
—Derecho a la integridad personal.
—Derecho a la privacidad y a la intimidad.

—Derecho a la información.
—Derecho a la toma de decisiones libremente.
—Derecho a no recibir tratos crueles.
—Derecho a no ser discriminada (Belli, 2013).

Con frecuencia se presentan casos de abuso por parte de personal médico, personal administrativo y funcionarios. Van desde una mala atención hasta la violencia misma. ¿Cómo saber que se vive este tipo de violencia? Es necesario que te informes, que conozcas tus derechos y que los ejerzas. Si alguien los violenta, puedes denunciarlo y cambiar, en la medida de tus posibilidades, de servicio de salud. Si no te sientes bien con el trato que te dan o con los procedimientos médicos a los que eres sometida, lo más seguro es que algo no ande bien.

Ten especial cuidado con quien toque tu cuerpo o el de tu bebé. E infórmate, ningún arma es tan poderosa como la información.

Algunos de los tipos de violencia obstétrica son los siguientes, de acuerdo con el documento *Modelo de atención a las mujeres durante el embarazo, parto y puerperio* de la Secretaría de Salud de México:

La violencia obstétrica se puede clasificar en diferentes categorías:

a) Procedimientos técnicos efectuados de manera rutinaria que no cuentan con evidencias de efectos positivos, de los que la OMS recomienda su exclusión si no existe una indicación médica precisa.

b) Maltratos y humillaciones. Frases expresadas [...] por personal médico y de enfermería tanto masculino como femenino, (en especial) cuando la mujer expresa dolor.

c) Procedimientos obstétricos realizados sin necesidad, para facilitar el aprendizaje de estudiantes, internos y residentes. En esta categoría se incluye a los tactos vaginales, episiotomías, aplicación de anestesia epidural y de fórceps, revisiones de cavidad uterina.

d) Diseño de presupuestos y espacios de atención materna. [...] ha sido claro que el diseño de presupuestos y, en particular, de los espacios de atención perinatal, se realiza desde la mirada androcéntrica del varón.

e) Maltrato cultural y social en salud reproductiva. [...] Incluye burla y rechazo sobre sus concepciones y prácticas culturales, así como mayor discriminación (Secretaría de Salud, 2018, págs. 13-15).

Una forma de aminorar esto es acudir a las parteras y curanderas tradicionales. Son mujeres ampliamente preparadas y con una sensibilidad excepcional para atender a otras mujeres en sus enfermedades o episodios reproductivos. Por lo general, no solo atienden, sino que ayudan a las mujeres a conocerse mejor y a interesarse sobre los procesos por los que atraviesan. En general, son profesionales de la salud, con un enfoque de género, que ayudan a las mujeres a empoderarse.

En la escuela o trabajo muy noche

Evita las jornadas escolares nocturnas o de trabajo. Por salud, por estrés, por disciplina. Pero si no puedes evitarlas, procura garantizar que tu regreso a casa sea lo más seguro posible. Viaja en auto compartido con alguna otra colaboradora, pide un taxi seguro, con datos verificados.

Lleva un arma legal contigo. Pon atención en el camino, avisa que llegarás tarde, el sitio de taxi y las placas o que ya vas en camino. No te duermas. En la madrugada, tras una larga jornada de trabajo o estudio, estarás cansada, por lo tanto, vulnerable.

Ten precaución con tus contratadores, y toma en cuenta que si te quieren obligar a trabajar siempre en esos horarios, puedes renunciar; si cambian tu horario de forma frecuente, también. En caso de que puedas hacerlo, negocia horarios más saludables (y en los que quizás seas más productiva).

Clases de arte

Es común llevar a nuestras hijas o que cualquier mujer sin importar su edad vaya a clases de arte. Baile, música, teatro, canto, danza aérea, artes marciales, baile regional, ballet, clown, yoga, entre los más concurridos. Suelen ser lugares de buen ambiente, relajados, limpios, bonitos en general. Los docentes o talleristas serán profesionales en su área, seguramente, respaldados por años de experiencia, prestigio o alguna institución.

No importa cuán famoso sea un taller, un maestro, una academia, un colegio, un centro cultural o comunitario, ten cuidado con los maestros y talleristas, así como con el personal administrativo y de limpieza. No dejes a las niñas solas con extraños. No las lleves al lugar y te vayas por una hora a hacer tus cosas. Acompáñalas, cuídalas, habla claro y de frente con quien esté con ellas esas horas.

Sin importar que tengan 3 o 18 años, son vulnerables, en especial, frente a acosadores o violadores que rondan esos lugares, pues ellos suelen ser cautelosos y atacarán a la presa más débil, la que tenga menos vigilancia, aquella cuya madre o padre no pueda reconocerlo fácil por no estar al pendiente de forma tan puntual.

¿Te parece exagerado? Querrás que no le suceda algo grave a tu niña o tus niñas. Y si alguien te dice que eres una afectada o aprensiva, solo ponle un límite para que no se meta en tu vida.

Con las clases a domicilio pasa lo mismo. No dejes a tus hijas solas en un cuarto o un estudio con un adulto sin vigilancia. Si, por ejemplo, estudiará piano, coloca ese instrumento en la sala. Si es una clase de danza, deja la puerta abierta, para que puedas asomarte en cualquier momento.

Puedes *interrumpir* cualquier sesión, ofreciendo un vaso de agua, preguntando cómo van, para que se note tu presencia y vigilancia. Muchos depredadores han tenido a la mano a posibles víctimas a las que no pudieron violentar debido a que los padres siempre estuvieron cerca.

Y en el primer momento en que no te guste la actitud, las palabras o lo que sea del instructor, despídelo o simplemente no vuelvas a recibirlo. Por bueno que sea como instructor, no tiene el derecho a abusar.

Ten cuidado, los agresores pueden ser muy aduladores y detectan las debilidades de sus víctimas. O son en exceso amables para lograr sus objetivos.

Si eres una niña o una adolescente, claro que podrás pedir que tu mamá o papá mantenga su distancia con tus cosas, pero igual pídeles que se mantengan cerca. Y si sucede algo extraño, no dudes en decirles a ellos y a quien pueda ayudarte.

Por otra parte, si tú como mujer joven o adulta (18+) asistirás a una clase así, igual toma tus precauciones. Hay talleristas que se ponen muy románticos o que ofrecen descuentos o clases extra de forma sospechosa. Recuerda que un depredador siempre está en busca de nuevas presas. No seas una de ellas.

Cuando es necesario emigrar

—*Vive tu duelo:* Dejar un lugar no es fácil, en especial si viviste ahí muchos años. Cuando ya no estés donde conoces, llegará a ti un sentimiento o varios sentimientos. La nostalgia te visitará pronto, en mayor o menor medida, igual la tristeza, la melancolía, la frustración. Entonces, no lo niegues, vive tu duelo en todas sus etapas. Luego supéralo, es lo mejor, si no quieres seguir viviendo en un pasado que ya no existe. Si te hace falta apoyo, platícalo con alguien de confianza, pero sobre todo ve a terapia.

—*Haz nuevos contactos:* Todos los que puedas dentro de tus necesidades y gustos. Mientras más gente conozcas, mejor podrás elegir a tus nuevos círculos, tanto familiares y personales, como laborales.

—*No pierdas los anteriores:* Mantén contacto con quienes quedaron en la ciudad anterior. Fueron y serán importantes en tu vida… Pero céntrate en tu presente.

—*Cambia tus credenciales y servicios de dirección:* Ve a tu servicio telefónico, al banco, a donde tengas deudas o servicios, al juzgado, dales tu nueva dirección. Es una higiene necesaria que te evitará contratiempos innecesarios.

—*Busca un espacio bonito para vivir:* Que te guste, que no te deprima ni te oprima. Así será menos difícil adaptarte. No es lo mismo llegar a un lugar feo que te haga recordar tu casa en la ciudad pasada, que un espacio agradable, confortable, cómodo, que te dé pie para nuevos sueños y planes y que te permita una cotidianidad más estable.

—*Conoce gente nueva:* Nativos o migrantes, para establecer nuevos vínculos, quizás hasta una pareja. Recuerda que todo es nuevo para ti, así que podrás elegir lo que quieras para tu vida y dejar de lado lo que creas que no te conviene.

—*Apoya a otros migrantes:* Esta solidaridad no solo les hará bien a ellos, sino que te dará un nuevo propósito y seguridad en tu vida cotidiana. Incluso podrías encontrar socios para hacer negocios en confianza.

—*Consigue un trabajo en la ciudad o inicia un negocio:* Esto no solo te ayudará en el equilibrio económico, sino que te servirá para conectarte con la ciudad, a través de clientes, proveedores, trámites, servicios.

—*Recorre la ciudad:* Al inicio, puedes hacerlo aún como una turista, pero poco a poco serás una vecina más, andando por su ciudad. Indagando, buscando, paseando, conocerás lo bueno que hay para ti en tu nueva localidad y los lugares que te convendrá evitar.

—*No hables mal:* Ni de la ciudad donde vives ni de la que dejas atrás (a pesar de los pesares). No es conveniente ni útil recordar un lugar con rencor ni vivir en una ciudad que se deteste. Si de plano no te va el nuevo lugar donde habitas, puedes planear una nueva mudanza a otra ciudad.

Servicio doméstico ocasional

Cualquiera puede tener la necesidad de que una persona ajena (hombre o mujer) vaya a hacer el aseo de la casa. Muchas personas cuentan con servicio fijo o *de planta*, pero no todos tienen esa opción, por diferentes razones. Así que a veces es necesario contratar a personal temporal (en celebraciones, convalecencias, nacimientos de nuevos hijos, enfermedad, vacaciones, exceso de trabajo, cansancio…).

Cuando necesites a una persona para limpieza temporal, puedes contratarla por medio de una agencia (incluso hay apps muy eficientes) o hallarla por medio de recomendaciones personales. Eso te dará mayor seguridad para evitar riesgos a posteriori. No se trata de confiar ciegamente, pero sí de tener un mínimo de tranquilidad de que quien entre a tu casa no lo haga para dañarte.

No digo que sea terrible contratar a una mujer que pasa por la calle ofreciendo sus servicios (casi siempre en una situación límite), solo conviene tener precauciones.

Sea como sea que llegue esa persona de limpieza, pon atención a lo que hace, tanto por la calidad de su trabajo, como por prevenir pérdidas o robos. Pon a resguardo o en lugar seguro tus cosas personales y de valor, como joyas o documentos personales.

No es necesario que una persona de limpieza entre a cada rincón de la casa, puedes dejar una habitación cerrada con lo más valioso ahí. Más vale prevenir, que denunciar.

De visita en casa de extraños
o familiares raros en otra ciudad

Las visitas ocasionales o constantes a casas de parientes o amigos son frecuentes en cualquier familia. No se trata de no realizarlas, solo que conviene no ponerse en riesgo ni arriesgar a otras mujeres con ello.

Cuando somos anfitriones debemos tener precauciones, pero lo mismo cuando somos invitados o visitas en casas ajenas. En especial, cuando detectes un riesgo para ti o para otra mujer o una menor.

Por ejemplo, si vas a visitar a un familiar que tiene fama de acosador o de libidinoso (hombre o mujer), es preferible cuidar en todo momento su cercanía contigo misma y con otras mujeres. Quizás no puedas evitar del todo trato con esas personas, pero sí conviene tenerlo a distancia, ponerle límites claros y poco flexibles.

Al dormir en casa ajena, cuida de tu sueño cerrando bien la puerta de la habitación donde pases o pasen la noche. También cuida tus visitas al baño, en especial de noche. Cierra bien las puertas. Evita estar a solas o que otra mujer se encuentre a solas con alguien a quien puedas considerar un posible agresor.

Procura que tu visita en una casa que no te genera toda la confianza sea breve.

Caminatas y campamentos

Visitar el campo, para pasear, hacer senderismo o acampar es un gran placer, casi para todas las personas. De hecho, pasear en el campo es una de las mejores opciones para reducir el estrés. Cuando puedas, hazlo, practícalo, sola o en compañía, pero ten cuidado.

Visita lugares que por recomendación directa (tu gente) o indirecta (la web) sean seguros. Los sitios más alejados suelen ser encantadores, pero no necesariamente son los más protegidos.

Cuando un lugar de recreo es inseguro suele darse cuenta de ello en las redes sociales. Las malas noticias corren rápido. Incluso lugares que solían ser confiables se vuelven riesgosos… y viceversa, hay lugares públicos o privados que se rescatan para la sana y segura recreación.

Consulta las fuentes que puedas antes de tomar la decisión de visitar el campo, en especial si vives en lugares de cierto riesgo (aunque muy hermosos), como hay tantos en México y en Latinoamérica.

Una vez en el campo, lleva un arma legal para defenderte de un posible ataque. Mejor llevarla y no usarla que al revés. Si puedes elegir una cabaña en vez de una casa de campaña, mejor aún. Acampa u hospédate en un lugar recomendado, seguro, que de preferencia incluya vigilancia nocturna y perimetral.

Y siempre cuida tus cosas, pertenencias y aparatos para no olvidarlos ni ser víctima de robo. Si vas a contratar a un guía, un tour o un paseo, hazlo con prestadores de servicios capacitados, bien identificados y con experiencia.

Como algo adicional, pide el teléfono de la ronda o policía local y revisa que tu celular no pierda su carga y tengas señal telefónica y de internet. Internarse en la naturaleza no significa aislarse el mundo.

Si detectas riesgos, sal de ahí. Si es de noche, quizás puedas buscar un pueblo cercano, para no ponerte en riesgo manejando de noche, y conseguir una habitación en un hotel.

El machismo es como una enfermedad que tiene que ser curada.
Si pudimos erradicar la polio, no veo por qué no vamos
a poder erradicar el machismo

ALAN ALDA

Contraseñas seguras

En nuestro presente, gran parte de nuestras actividades suceden o transitan por las redes sociales, en internet, en intranet, en las redes en general. Por eso es conveniente generar contraseñas seguras para los sitios y aplicaciones que usamos.

Solemos conectarnos en teléfonos de última tecnología, tabletas, computadoras y otras tecnologías de la información y la comunicación (TIC). Las usamos en casa, en el trabajo, en sitios públicos. Los riesgos son altos, pero hay algunas cosas que podemos hacer para protegernos un poco.

Nuestra información, la que compartimos o guardamos va desde lo superficial (fotos de paisajes, opiniones) hasta lo más personal (fotos, documentos, transacciones), así que te conviene protegerte.

Una persona hoy en día maneja entre 10 y 30 contraseñas. Es difícil aprenderlas todas si son diferentes. Por ejemplo, un adulto de mediana edad, productivo o estudiante, tendrá al menos la mayoría de las siguientes cuentas: correos personales, correo laboral, correo escolar, Facebook, Instagram, Twitter, Netflix, Tinder, banca electrónica, Blablacar, ISSUU, escuela en línea, trámites de gobierno, Spotify, videojuegos, Blogger, telofonía celular, aerolíneas, Airbnb, Uber, Cabify, Whatsapp, Hacienda, entre otras.

Hay estrategias que te pueden permitir tener una serie de contraseñas seguras. Los especialistas recomiendan que para tener una contraseña segura utilicemos, de forma alternada, algunos de los siguientes elementos:

—Letras que no formen palabras fáciles de identificar.
—Mayúsculas y minúsculas intercaladas.
—Números no consecutivos intercalados.
—No usar siempre la misma, sino tener varias.

Además, es conveniente evitar el uso de combinaciones que incluyan nuestros nombres o apellidos, fechas de nacimiento u otras importantes o palabras comunes a nosotros. Por ejemplo, a un escritor le convendría no usar palabras como *libro*, *lectura*, *palabra* o el nombre de su escritor favorito.

Otros consejos son: "Si se escriben las contraseñas en un papel hay que ser prudente y no dejarlo en un lugar visible ni cerca del ordenador", "A las preguntas planteadas en el proceso de recuperación de contraseñas se debe evitar dar información personal conocida por muchas personas" y "Hay que evitar el uso de contramedidas forzadas y ampliamente utilizadas como cambiar algunas letras por números similares. El hecho de utilizar simbología similar hace las contraseñas más vulnerables" (*Clarín*, 2014).

Auto: cosas en la cajuela

¿Para qué llevar una laptop, una bolsa de mano, una mochila escolar, unos lentes, un monedero u otros objetos de valor a la vista, dentro del auto? Es absurdo. Es mejor mantener todo eso en la cajuela, en caso de tener que llevarlo en el auto.

Te costará unos minutos meter y sacar de la cajuela tus cosas, por ejemplo, cuando bajes al súper o a otra tienda o estaciones tu auto afuera en la calle, pero será mejor que perderla porque te las roben del auto, casi siempre rompiendo algún vidrio.

Es más difícil que un ladrón abra una cajuela. Y entre un auto que tiene cosas a la vista para robar y otro que no tiene nada, elegirá el primero.

Parece un exceso de precaución, pero si haces de esto un hábito, te puedes ahorrar algunos disgustos.

Incluso si llegan a abrir tu automóvil o rompen un vidrio, solo perderás el deducible del seguro por la reposición del vidrio o la reparación de la puerta, pero no algo más valioso.

Confía en tu instinto, en tu sentido común

Habrás escuchado esta frase. ¿Pero qué es el instinto? ¿Qué es el sentido común? Es tan sencillo como seguir una corazonada. Si algo no te *late,* ten cuidado. Como cuando una persona que acabas de conocer te causa desconfianza y no sabes por qué. No tienes argumentos para alejarlo de ti, pero en realidad no los necesitas, solo aléjate de él o aléjalo de ti y de los tuyos. No tienes por qué darle explicaciones a nadie.

Si estás en un concierto y ciertos hombres te parecen sospechosos, no necesitas pensarlo mucho, muévete de ahí y sigue disfrutando de la música.

Si el nuevo jefe te da *mala espina,* actúa con precaución. Si crees que el mecánico te engaña o que el pastor de tu iglesia tiene otras intenciones (sexuales, por ejemplo) hacia ti, no necesitas poner una demanda ni esperar a que algo peor te ocurra.

Ponte a salvo, evita el riesgo, guarda distancia, cuéntaselo a alguien, vigila, cuídate.

No se trata de llegar a un fanatismo, solo de escuchar a tu intuición, que si enciende una alarma es por algo.

Consumo de drogas

En México, como en diferentes países de Latinoamérica, existen drogas legales e ilegales. Su consumo es independiente de su control legal, sin duda. Existe un gran debate al respecto, pero creo que si vas a consumir drogas, no por eso debes dejar de tener precaución. Los humanos, a lo largo de milenios han consumido diferentes sustancias, de acuerdo con sus creencias, ritos o necesidades y no creo que eso vaya a cambiar.

Algunos países han regulado su producción, venta y consumo de forma más liberal, como Portugal, donde no hay drogas prohibidas y donde, según lo que puede consultarse en medios de comunicación, eso ha tenido resultados muy positivos. O el caso de algunas regiones de Estados Unidos de América, donde se permite sin restricción el consumo de marihuana con fines recreativos.

Desde mi punto de vista como ciudadano, y de acuerdo con su control, en México hay drogas:

a) *Legales* (alcohol, tabaco…), de las que en todo caso solo se restringe su venta a menores de edad.

b) *Controladas* (peyote, hongos…), que pueden usar los pueblos tradicionales según sus usos y costumbres.

c) *Legales para otros usos* (ketamina, jarabes, pegamentos…), cuyo principal objetivo no es su consumo y por lo mismo pueden ser muy dañinos.

d) *Prohibidas* (por las más diferentes razones), como la cocaína, la marihuana, las anfetaminas, los ácidos y otras, que son la razón de ser del narcotráfico.

Dejando de lado por qué se consume y sin ser moralistas ni dar puntos de vista filosóficos, culturales, médicos ni religiosos, pensemos que cualquiera de estas sustancias son susceptibles de ser consumidas en cualquier ciudad latinoamericana.

¿Vas a consumir drogas? Investiga un poco acerca de su origen, tipos de consumos, posibles efectos y consecuencias.

Mientras haya algún control del Estado sobre ciertas drogas, consumirlas además añade el punto de que se comete un delito, menor o mayor, pero delito al fin.

Con base en la información, toma tus propias decisiones, solo contempla las siguientes precauciones:

—Indaga, investiga, lee, pregunta y saca tus conclusiones.

—Consúmelas con personas de mucha confianza.

—No abuses de su consumo, por obvias razones.

—No las des a menores de edad ni permitas que las consuman.

—Consúmelas en espacios seguros, no donde haya más riesgos.

—Ten en cuenta lo que harás o a dónde irás o a dónde te llevarán en caso de que te sientas mal o tu salud esté en riesgo.

—Comparte con alguien de tu Círculo de Confianza que vas a consumir y con quién.

—Evita arriesgarte para conseguirlas.

—Si crees que tienes una adicción, habla con alguien de confianza y ve a terapia.

—Si la situación es grave, siempre existen centros de desintoxicación.

Yo no soy consumidor de drogas prohibidas, pero considero que el consumo informado, planeado, más consciente de las mismas reduce en parte el riesgo de usarlas. Como quiera, siempre habrá más riesgos que al no consumirlas. Los peligros van desde que te detenga la policía y te procesen, que dañes tu salud física o mental, que sufras algún ataque o violencia (por los ambientes donde podrías consumirlas), que agredas a alguien (en especial a tus seres más cercanos) y hasta la muerte. Vale la pena ser precavida.

Andar en bicicleta

La movilidad de muchas ciudades es cada día más complicada. En diferentes medios de transporte se vive violencia cotidiana hacia las mujeres y no todas pueden viajar en su propio auto hacia su escuela, trabajo o diferentes actividades. Sin embargo, no es cosa de quedarse quieta son moverse por miedo a lo que pueda pasar en los trayectos.

Una opción que tiene cada vez más usuarios es la bicicleta, propia o de renta. Y tiene múltiples ventajas. Lo digo por experiencia propia y por lo que he platicado con algunas amigas de diferentes ciudades que optaron por moverse en bici.

En primer lugar, el tiempo. El ciclismo urbano permite llegar en tiempos medibles y adecuados a los lugares de destino, porque no siempre deben usarse las vías o las rutas de los automóviles. En segundo lugar, es un ejercicio cotidiano, que beneficia la salud y relaja o desestresa bastante.

Además, considero que existen los siguientes beneficios:

—Es menos probable que alguien te acose, como cuando caminas o andas en transporte público.

—Puedes alejarte de un acosador más rápido.

—Si detectas un posible riesgo, puedes cambiar fácilmente tu ruta y evitarlo.

—Es menos probable que alguien te toque, la bici te permite una postura de alerta.

—Es probable que des la imagen de autonomía, independencia y fortaleza.

—Andar en bici te enfrenta a diferentes obstáculos, que exigen la agudeza de tus sentidos, lo que con el tiempo puede beneficiar tu seguridad y autoestima.

—Te permite libertad y respeto de tu espacio personal.

—Los ciclistas son menos asaltados que los peatones.

—Puedes llevar cargas pesadas sin complicaciones.

—En algunos lugares (tiendas, trabajos) hay beneficios por usar la bici.

Claro que hay otro tipo de riesgos, como los accidentes viales o que te roben la bicicleta, recordemos que vivimos en sociedades no perfectas, así que habrás de hacerlo a pesar de las circunstancias, sin embargo "Cada día más personas optan por el uso de la bicicleta como medio para realizar sus actividades diarias en lugar del transporte público" (Hinojoza, 2017).

También hay que tomar precauciones, como las siguientes recomendadas por Isela Hinojoza:

"—Circular por el arroyo vehicular, de preferencia utilizar el carril completo.

—Circular en el sentido de la vía.

—Respeta banquetas, camellones, cruces peatonales y semáforos.

—Ceder el paso a los peatones.

—Señalar tus movimientos.

—Evitar el uso de audífonos u otros distractores.

—Utilizar luces delanteras y traseras cuando oscurezca" (Hinojoza, 2017).

A lo anterior, añadiría estas otras:

—Si tienes bici propia, compra un buen candado.
—Dale mantenimiento constante a tu vehículo.
—Conoce el Reglamento de Tránsito o la Ley de Movilidad de tu localidad.
—Instala una campana a tu manubrio.
—Usa un casco adecuado y chaleco reflejante.
—Contrata un seguro de ciclista (las Ecobicis de renta lo incluyen).

Además creo que andar en bici es una forma de disfrutar la ciudad, la vida, los días, los trayectos que tenemos que hacer cotidianamente, disfrútalo.

Por fortuna, el mayor uso de la bici ha generado un crecimiento de la industria, así que hay muchas opciones para comprar una bici y sus accesorios, así como para repararlas y darles mantenimiento. En cuanto a bicicletas de renta, existen opciones públicas en ciudades como la Ciudad de México, Querétaro, Puebla y Toluca, pero en muchas otras localidades pueden rentarse bicicletas por horas, días o semanas.

Arma: cuchillo, daga

Se llaman armas blancas, son punzocortantes y pueden ser mortales. Desde hace siglos, sirven para la defensa personal. Hay de muchos tipos, desde las de tipo militar hasta las que se disimulan como lámparas o plumas. Su objetivo, desde el punto de vista de la autoprotección, es muy claro: evitar ser atacados o contestar una agresión. Con lo que podremos salvar la vida, además de nuestras pertenencias. Sin embargo, su uso también conlleva riesgos.

Qué es: Una hoja de metal, policarbonato u otro material, con puntas y bordes afilados, con mango para su mejor manipulación. Puede incluir una funda para su resguardo.

Cómo funciona: Se toma con firmeza con la mano hábil, se ataca con el arma al agresor, evitando ser desproveída de la misma. Es importante evitar también sufrir lesiones con ella.

Para qué sirve: Para ahuyentar al atacante, para defensa, para ataque, para defender a otra persona.

Dónde llevarlo: En la bolsa, en la mochila, en la cintura, en la bolsa del pantalón o el saco.

Dónde lo prohíben. Diferentes medios de transporte donde revisen a los usuarios, en escuelas y algunos centros de trabajo, en oficinas gubernamentales.

Ventajas: Permiten inhibir agresiones, por ser un arma mortal. Es pequeña y sabiéndola usar resulta muy efectiva. Se le pueden dar otros usos, en campamentos, en el trabajo, en la escuela.

Desventajas: Es muy filosa, si la pierdes en el ataque puede ser usada en tu contra. Alguna autoridad o elemento de seguridad puede intentar retenértela.

Consejos: Aprende a usarla con un especialista, revisa su filo.

Ejemplos de uso: En medios de transporte, ante un posible ataque, frente a un acosador, en un intento de violación, en caso de asalto.

Si ves que están robando tu auto

No hagas nada. No eres policía, no tienes una pistola, no eres vengadora ni asesina. Si se lo van a robar o solo a desvalijar, hazte a un lado, no intervengas, mejor que no te vean. El auto es algo material, tú vales mucho más que eso. Además, debe estar asegurado. Y por cierto, recuerda no dejar cosas a la vista, sino en la cajuela. Si tuvieras la posibilidad de llamar a la policía y llega y atrapan a los ladrones, los atraparán en flagrancia y previa denuncia, así que deberán aprehenderlos y llevarlos al ministerio público, donde tú, acompañada de un abogado o alguien de tu confianza, podrás presentar con más calma tu querella contra ellos.

Si crees que tomar fotos o video del robo es buena idea y no pones en riesgo tu integridad ni la de otros con esa acción, hazlo, puede ser una prueba ante un juez, siempre y cuando no lo exhibas en redes sociales antes.

Sé precavida, prudente, serena y no le des más valor a un auto del que tiene. Y si los ladrones se llevan tu auto, en un robo o en un asalto, déjalos que se lo lleven, quítate de su camino.

Por último, recuerda que muchos autos robados solo sirven para cometer delitos mayores, como el asesinato. Eso sí, apenas se lo lleven, ve a levantar tu acta o denuncia, para que no te acusen de delinquir, solo porque alguien lo hizo con tu auto.

**Campañas contra acoso,
manifestaciones, peticiones, firmas, leyes...**

¿Es necesario participar en este tipo de campañas, como la del silbato rosa en el metro de la Ciudad de México, las marchas por la defensa de los derechos de las mujeres o contra los feminicidios? ¿Sirve de algo participar en redes sociales en iniciativas como #MiPrimerAcoso o #MeeToo?

Esa interrogante la tienes que contestar tú y luego ser congruente con tus acciones. Decidas lo que decidas, nadie tiene por qué faltarte al respeto ni decirte que haces mal.

*Que las mujeres sean independientes
y peleen por ellas, es tiempo de pelear*

Malala

Mudanzas

Mucha gente es robada en la mudanza. Por eso conviene hacerla con el mayor tiempo de anticipación, para guardar y etiquetar todo lo mejor posible, numerar las cajas y comprobar que lo que sale de una vivienda llegue completo a la otra. Valen todas las precauciones, cuando se trata de cosas valiosas para ti, como tus muebles o documentos importantes (porque quien roba en las mudanzas muchas veces no sabe ni lo que se lleva).

Cuando te mudes, invita a alguien de tu Círculo de Confianza, o más bien a varios, para que te ayuden a empacar, pero también a vigilar que todo vaya bien.

Un ejemplo extremo lo vi hace unos años, cuando una amiga con sus tres hijas se cambió de ciudad, del centro al sur del país. Varios amigos de la ciudad les ayudaron a empacar y subir todo a un gran camión de mudanzas. Otro amigo viajó hasta allá con su auto y manejó detrás del camión de la mudanza durante dos días, mientras mi amiga y sus hijas viajaban en avión a la nueva ciudad. No se sabe si los mudanceros abrirían el camión de estar solos para extraer algo, pero no tuvieron oportunidad de hacerlo.

Cuando llegues a la nueva casa, igual pide a amigos o familiares que te ayuden a bajar las cosas, a acomodarlas en casa, a vigilar que nada se pierda. Luego de unas horas de ayudarte dentro de casa, cuando la mudanza ya se haya ido, les pedirás que te dejen sola con tu relajo, para que te comiences a adaptar a tu nuevo espacio.

Claro que no cometas el error (como nos ha sucedido a muchas personas) de perder contacto con tus amistades en la nueva ciudad. Tenerlos cerca y hacerlos parte de tu Círculo de Confianza te ayudará en mucho, para conocer la ciudad, las calles, los lugares cotidianos, los riesgos y oportunidades. Conforme te vayas adaptando, también reducirás la necesidad que tendrás de ellos, por lo que podrás disfrutarlos para compartir y pasarla bien.

Dependencias e instituciones afines

Ignoro si en todos los lugares del mundo haya instituciones afines a las mujeres. Pero en México las hay de carácter público, en los últimos años, en los ámbitos municipal, estatal o federal. Además, claro, de las instituciones privadas o de asistencia privada, como muchas organizaciones no gubernamentales (ONG). También hay en nuestro país filiales de dependencias internacionales que luchan por los derechos de las mujeres.

Es trabajo tuyo buscar cuáles son, dónde están, en qué pueden ayudarte, qué tramites o apoyos proporcionan. Su variedad es amplia: secretarías, institutos, centros de la mujer, fiscalías especializadas, procuradurías, asilos, casas de resguardo, casas hogar, albergues, asistencia legal, entre otros.

Busca las que se encuentren cerca de ti, no solo por ti, sino por aquellas mujeres que puedan llegar a necesitarlas. Se trata de tener esa información a la mano.

La ropa de acuerdo con el contexto

Las mujeres deben ser libres de vestirse como gusten, en efecto. Pero con fines de prevenir, expongo estos puntos, que los he escuchado directamente de diferentes mujeres conocidas mías. Solo son algunos apuntes que me parecen interesantes:

—Si vives en una colonia donde hay mucho acoso callejero o se han presentado violaciones, puedes salir de casa con ropa cómoda y discreta, por ejemplo, unos jeans lindos pero con un blusón, y llevar en una bolsa aparte una blusa más bonita o escotada.

—Si tienes que trabajar en un contexto de acoso machista, donde las miradas te desnudan y las manos casi te tocan, sé más discreta en vestir, sin escotes, con peinados neutros y poco maquillaje. En otro contexto podrás lucir como gustes.

—Si acudes a una escuela o trabajo donde haya acoso, además de la denuncia necesaria, evita por un tiempo, mientras a situación se resuelve, tu ropa sexy y cámbiala por algo más equis. Cuando se resuelva y las cosas vuelvan a cierta normalidad en donde no te sientas agredida, vuelve a tu ropa cotidiana.

—En general, ahí donde no necesites o no desees que destaque tu belleza, viste con propiedad pero con discreción.

En una balacera

Este libro fue escrito en México, aunque pueda llegar a muchos otros contextos. Es importante mencionarlo, porque en México se cometieron 70 asesinatos diarios, según datos de 2017 (Univisión, 2018).

Esto coloca a México como el país sin guerra más violento del mundo, según el Instituto Internacional de Estudios Estratégicos (IISS), y en el segundo país más violento del mundo en términos generales (en especial contra las mujeres), solo después de Siria, que se encuentra en guerra civil (Univisión, 2018).

Para muestra basta un ejemplo, el día de ayer, 19 de marzo de 2018, un hombre entró a la concurrida y céntrica Plaza Reforma 222 en la Ciudad de México y mató a una mujer a balazos (*El Universal*, 2018).

Es el día a día, los asesinatos y los balazos. Es una lástima y no todo es así, pero hay que ser precavidos. No se trata de verlo como normal, sino de saber qué hacer.

La situación de detonación de armas de fuego puede darse en cualquier contexto. Por poner ejemplos, recuerdo tiroteos cerca de escuelas (incluso afuera y adentro de ellas), en centros comerciales, en conciertos, en avenidas principales, en edificios, en bares, en condominios, en andadores, en deportivos, en autobuses, en iglesias…

Tu protocolo de seguridad personal en estos casos puede incluir:

—Conservar la calma.

—Tirarte al suelo.

—Proteger a menores de edad con tu propio cuerpo si es necesario.

—Guarecerte bajo una mesa, detrás de un auto o poste.

—Evitar acercarte al origen del fuego.

—Tratar de huir de ahí lo más protegida posible.

—No intentar ser heroína para resolver la situación, en especial si el ataque no es contra ti.

—Avisar a la autoridad, en caso de poder hacerlo.

—Prevenir a otras personas que podrían ser víctimas de una bala perdida.

—Mandar mensajes a gente de confianza.

¿Quién se balacea en la calle? Militares, marinos, policías, delincuentes, sociópatas, narcotraficantes, personas alteradas, asaltantes, guaruras. Aunque eso no es tan importante, sino salir sin lesiones y con vida.

En muchas escuelas ya se ensayan simulacros ante eventuales tiroteos. Si estamos enseñando a los niños cómo deben comportarse ante este tipo de hechos, no lo obvies en tu propia persona y cuídate.

Botones de alarma
(en la calle, casa, negocio, en el celular)

De acuerdo con cada circunstancia, podrás usar botón de alarma o pánico en tu celular, pero también en tu casa o negocio. En la Ciudad de México, como en otras, la policía ha dado alarmas a los vecinos y locatarios, más fáciles de activar, dentro o fuera de sus negocios, y conectadas a los controles policiacos. Deben estar libres de objetos y ser de fácil acceso y activación. Todos en la casa o negocio deben saber usarlos y saber cómo actuar en caso de riesgo.

En tu casa puedes usar los oficiales, si los hay, pero también contratar el servicio de una compañía de seguridad, que instale una alarma dentro de tu vivienda. Esta alarma podrá activarse por sensor de movimiento, cuando las puertas se abran o en otros casos. Vale la pena contratar dichos servicios.

Para tu celular existen diferentes apps (SafetyGPS, SOS112, iRescue, entre otras), que pueden ser una señal de alarma. Los hay que emiten un ruido como de sirena policiaca, pero también hay otros que envían una señal de alerta o mensaje urgente a quien tú la hayas programado, por ejemplo, tus padres. En ese caso, recibirán un mensaje de que estás en peligro, además de tu ubicación en tiempo real, gracias al rastreo satelital de localización vinculado con la app (Serrano, 2012).

De este modo, si no te separas de tu celular, podrán ver en dónde te encuentras. De tratarse de una falsa alarma o de que hayas resuelto el riesgo de otro modo, siempre podrás hablarles para comunicárselos.

Viajar sola, sí

Hay muchas historias trágicas de mujeres que viajan solas, pero no por ello debe estar prohibido. Si quieres viajar por tu cuenta, hazlo, solo planéalo bien y toma en cuenta todos los elementos de seguridad, por ejemplo, los incluidos en este libro.

Si te consideras una viajera o deseas iniciar tu carrera como aventurera, empieza con destinos no muy lejanos, manejables para ti en todos los sentidos, y poco a poco ve aventurándote más allá de esos límites.

Con el tiempo fortalecerás tus habilidades como viajera constante, con lo que disfrutarás de ello y conocerás nuevas experiencias.

Además, podrás ser ejemplo para otras mujeres que deseen hacerlo y tal vez no se hayan animado.

En México existen miles de destinos cercanos y lejanos, disfrutables y maravillosos. Desde aguas termales, ciudades, pueblos mágicos, minas, ranchos, viñedos, parques temáticos, zoológicos, hoteles exóticos… Busca tu mejor opción y arma tu recorrido.

Limpia tu huella digital

La huella digital es lo que vas dejando de ti en la web. Desde las redes sociales hasta otros aspectos, como premios o reconocimientos, apariciones en medios de comunicación, graduaciones, eventos públicos (como conciertos o ferias), denuncias en tu contra o que tú hayas hecho, videos familiares, textos publicados, fotos en las que otras personas te etiquetan, algunos contratos (en especial con instituciones públicas), becas, apoyos, créditos, competencias deportivas y una gran variedad.

La huella la vas creando tú, pero no solo tú directamente, sino a través de lo que haces. Hay personas que se dedican a registrar lo que otros hacen (periodistas, comunicadores, fotógrafos) y crean o incrementan la huella digital de otras personas. También la familia, los amigos, los alumnos, las parejas o los parientes lejanos pueden incrementar tu presencia en internet. Incluso escuelas, instituciones, juzgados, oficinas de gobierno y diversas personas morales publican parte de la huella digital de otras personas.

Existe un marco legal en México (y en muchos más países) para la protección de los datos personales, sin embargo, la aplicación de las leyes para la internet aún es muy complicada, pues muchos servidores o páginas se encuentran en países diferentes a donde viven las personas a las que refieren. Por ejemplo, una revista española, pero cuyo servicio de página web tiene sede en EUA y publica a autores de diez países diferentes… ¿En caso de conflicto, en dónde demandar?

Porque de no haber problema, de tratarse de una huella digital positiva, que hable bien de ti, no hay lío… ¿Pero qué tal cuando una de tus huellas es todo lo contrario?

¿Se puede borrar la huella digital? En muchos casos sí, se debe realizar un procedimiento que incluya escribir al sitio o acudir a la institución para verificar, corregir o eliminar la información disponible en la web. En otros casos es más complicado, incluso dañino.

Recordemos que el contenido que se vuelve viral es aquel que genera interés muchas veces por morbo, como el de contenido sexual, chismes, denuncias poco fundadas y escándalos.

Evita caer en estas categorías, pues ese tipo de información comienza a copiarse y a circular por más canales que el de origen y eso puede perjudicar tu imagen y tu vida personal.

Revisa, actualiza, cambia, pero no abandones ni olvides lo que vas dejando tras de ti en la telaraña virtual.

Chip de rastreo satelital

Los hay para autos y gracias a ellos se recuperan muchas unidades al año, en especial en las grandes ciudades. Pero también hay servicios de instalación de chips en personas, por ejemplo, en niños. De este modo, aunque de forma invasiva, y por medio del pago del servicio, el cliente podrá saber en dónde se encuentra su hijo, o la persona con el chip, en todo momento.

Parece arriesgado, pero es una opción más en la prevención de riesgos o en la resolución de un crimen. Siempre conviene, antes de instalarlo, en una o más personas de la casa, estar seguro de la decisión, tener la suficiente información, contar con la asesoría adecuada y contratar a un proveedor certificado. Habrá, además, que saber usarlo de forma asertiva, se trata de una estrategia de protección, no de un instrumento de control, por lo que para los padres aprensivos quizás sea difícil controlar su uso.

Se parece un poco a cuando los padres de familia de una escuela pueden ver en tiempo real las cámaras instaladas para ello en la escuela, incluso en el salón de sus hijos, por medio de una plataforma digital a la que entrarán con controles de seguridad o contraseñas. Son métodos que invaden la privacidad de los menores de edad, pero quien desee usarlos tendrá que ponderar la necesidad y hacer un balance entre los pros y los contras. Como quiera que sea, son opciones reales en el mercado y por algo se venden cada vez más.

Un *espantamoscas*

En algunos momentos de la vida, si te sientes vulnerable, pero no quieres estar escondida en tu casa o tu trabajo, puedes buscar a una amistad de confianza que te acompañe a una salida, a pasear, a un bar. En algunos casos querrás salir a buscar el amor o la aventura, pero en otros preferirás evitarlo sin aislarte.

Puede suceder que salgas y te sientas incómoda si alguien te coquetea (en buena onda) o incluso le des entrada, pero termines pensando que no era buena idea, no por esa persona, sino por el momento en que te encuentras. No se trata solo de que puedas haber vivido una ruptura amorosa cercana, puedes haber sufrido otro tipo de pérdida, o estar en el proceso de un duelo, o confundida con algún aspecto de tu vida.

Como sea, querrás salir, distraerte, pasarla bien, sin perder tu cotidianidad, pero evitando el coqueteo o la conquista. En este caso puedes recurrir a un amigo, que te sirva de *espantamoscas*. Es importante saber que ese amigo de verdad no pretenda nada contigo, de otro modo podría resultar contraproducente; o que tú creas que llegarás a sentir atracción hacia él, no porque esté mal, sino porque se perdería el objetivo.

Será un trato de común acuerdo, para hacerse compañía, sin compromiso, pero de la mejor manera. Por ejemplo, pueden ir a un bar juntos, pasar un rato agradable, y si encuentras a algún galán o posible conquista y lo quieres evitar, puedes decir (sin mayores explicaciones) que estás acompañada. Si aquella conquista se puede dar otro día, ya será después. De momento, conservas la calma, la diversión y la amistad, incluso la posibilidad de una conquista con otra persona, en un mejor momento para ti.

A veces pasa que te encuentras a una pareja anterior y al verte acompañada mantendrá su distancia. O ubicas a alguien que te gusta, pero no estás de ánimo para hacer algo al respecto. Así, te mantienes cerca de tu *espantamoscas* y sigues tu día.

Además de ello, pueden compartir gastos y el transporte de ida o de regreso a casa. Una ventaja adicional es que por lo general no te pedirá explicaciones de nada, porque es tu amigo y no otra cosa, ni te celará (algo siempre absurdo e incomprensible) ni se lo tomará a mal si le cancelas a última hora o te quieres ir de un lugar en cualquier momento.

Esta práctica puede incluso fortalecer su amistad. Les ayudará a conocerse más y agregará beneficios como poder observar a las personas que se les acerquen (a ambos) con fines románticos y platicarlo, conocer nuevos lugares y compartirse un poco más.

¿Cómo hacerlo? Con claridad, de común acuerdo, sin emociones negativas ni chantajes, con cuentas claras y con el ánimo de que sea positivo para ambos.

Puede terminar cuando cualquiera de los dos decida darle fin, sin consecuencias desagradables ni reclamos. Y siempre podrán verse de nuevo como amigos, en sus casas, en reuniones o donde acostumbraban antes.

Automedicación

Evita automedicarte, en especial si se trata de algo más que analgésicos. No es adecuado seguir el clásico consejo del tío que por haber sido representante farmacéutico o haber trabajado en una farmacia ya receta como si tuviera cédula profesional. Tampoco hacerlo por cuenta propia, como decir "Pues antes el médico me recetó tal cosa, así que me la tomo de nuevo y seguro me curo".

No aceptes consejos de los encargados de la farmacia, del tipo "El médico le recetó esta medicina, pero yo le recomiendo esta otra porque se la llevan más (o es más barata o alivia el dolor más rápido o esa persona simplemente te lo aconseja sin argumento alguno)".

¿Qué puede ocurrirte? En el mejor de los casos, nada, o que se te pase el malestar. En el peor, la muerte, pero eso no es todo. Si tomas un medicamento que no conoces bien y que provoque en ti una reacción alérgica, podrías pasarla muy mal. Si rebasas la dosis que podrías tolerar, tu organismo tendrá estragos (y quizás faltes al trabajo o a la escuela o no puedas cuidar bien de tus hijos). Imagina que tomas algo y eso te provoca diarrea, luego tienes que salir a hacer tus cosas, y te encuentras vulnerable porque te duele el cuerpo o necesitas un baño a cada rato (y andas fuera de casa).

Conocí el caso de una profesora que por algo así estuvo varios días en cama, sin siquiera poder salir al médico, por los mareos y otros síntomas. Alguien notó su ausencia días después y fue a verla. La encontró en grave deterioro. La ayudó y salió del problema. Pero también hay mujeres que obtienen su ingreso día a día y que no pueden darse el *lujo* de ausentarse de su trabajo un tiempo.

Es mejor pagar un médico, aunque sea de bajo costo o de asistencia social, y comprar la medicina que recete, a automedicarte y sufrir las consecuencias. Además, esta práctica es heredada a las hijas, que luego ven fácil hacerlo.

Estudia

Nunca dejes de hacerlo. Eso te colocará en una posición de conocimiento cada vez mayor, lo que además aumentará tu autoestima y tus posibilidades laborales o de negocio (no es una clave del éxito profesional, pero sí puede ser un factor a favor de ello).

Puedes tomar cursos presenciales, talleres, conferencias y seminarios. Los hay sobre temas teóricos, de desarrollo humano o prácticos, como un curso de manejar (aunque no tengas auto, es una habilidad que puede ayudarte en cualquier momento), defensa personal, defensa legal, cocina, mecánica básica (como cambiar una llanta), plomería y otros arreglos caseros comunes.

De esta manera, no dependerás de otras personas (en muchos sentidos) o será en menor medida.

Estudia, nunca dejes de aprender algo nuevo.

Usa la nube

No solo se trata de tener los archivos en la nube, sino de administrarlos, limpiarlos, revisarlos y eliminar los que ya no sean adecuados. Limpia, copia, actualiza, guarda lo más importante en un disco duro, no te arriesgues. Mientras mayor control tengas de tus archivos, mejor los usarás, además de que evitarás problemas.

Con base en una cuenta escolar, laboral o personal, respalda tu información importante. Todos tus archivos, como documentos escaneados, tesis, pagos, transferencias, fotos personales, archivos profesionales, contratos, procesos legales, historial médico, información del trabajo y otros.

Eso te ayudará a que si se pierden archivos de una computadora o disco duro, tengas un respaldo confiable, a la mano desde cualquier computadora con acceso a internet.

Por ejemplo, en el caso de los migrantes, les será de mucha utilidad disponer de sus archivos desde el nuevo domicilio, de forma fácil.

Date el tiempo de revisar tus archivos y eliminar los que ya no te sean útiles, como documentos de trabajo o de trámites que ya no sean vigentes. Además, si el origen de los archivos no es la nube misma, cada tanto, como una vez a la semana o mensualmente (pero que no se te olvide), o por lo menos cada seis meses, actualiza tus archivos y carpetas, con las versiones más recientes de tus documentos, fotos o videos.

No guardes tus contraseñas dentro de tus archivos de la nube, porque si alguien llegara a entrar a ella de forma maliciosa, podría tener acceso a toda tu información, con lo que podrías quedar en una posición vulnerable.

También evita subir material íntimo, como fotos desnuda o en poses sugerentes o material de contenido sexual que no quieras que se conozca. Recuerda que cuando un archivo se sube a internet tiene cierto grado de seguridad, pero a final de cuentas ya está en la web.

Y no olvides que la huella digital puede llegar a afectar (o a beneficiar) a una persona durante largo tiempo. Ten cuidado con eso y tendrás archivos respaldados, pero también tranquilidad personal.

Alerta sobre nuevas formas del delito

Con frecuencia, en medios de comunicación y redes sociales se avisa acerca de las nuevas formas que inventan los delincuentes para hacer daño a los ciudadanos. Sorprenden las maneras y la imaginación de los mismos. Por eso, debemos ir, si no un paso adelante, por lo menos sí a la par de ellos. Pon atención (tratando de evitar la paranoia) a la información al respecto.

Estas alertas pueden llegar a ti por Whatsapp, redes sociales, prensa, páginas web, agencias de noticias, televisión abierta, por carteles en la calle u otros. Casi que no puedes evitar enterarte. En cada caso, resume para ti y para tu gente la información y hazla tuya.

Un caso que se dio a conocer en redes sociales en marzo de 2018 fue la modalidad de secuestro mediante la entrega de un arreglo floral en casa. Se compartió un video en el que se ve a un hombre salir por un arreglo floral (que no esperaba). Para tomarlo (era grande) y firmar de recibido, abre la puerta de su casa y se distrae y se descuida (las flores suelen ser empáticas). De pronto, el *mensajero* lo encañona con un arma de fuego y lo empuja adentro, ayudado por otro hombre que rápido llega a ayudarlo.

Una vez dentro de la casa, arriban más secuaces. No se ve lo que sucede dentro, pero el informe reporta que fue secuestrado (desde su propia casa) y por lo tanto los delincuentes le quitaron algunas pertenencias o dinero, además de que seguramente provocaron más daños en él y en su familia.

Ante cualquier situación extraña, no esperada o sospechosa de este tipo, es mejor no abrir la puerta, permanecer dentro, solicitar más datos, confirmarlos antes de ponernos en una situación vulnerable. Es mejor exagerar de precavida que ser víctima.

Una más que se ha propagado en las redes mientras redactaba este manual fueron los casos de conductores de taxi u otros servicios de transporte personas (Uber, Easy Taxi, Cabify), que para atacar a sus víctimas les ofrecieron de beber una botella de agua (cerrada o sellada incluso), a la que habían agregado alguna sustancia para dormirlos o anestesiarlos. Si bien es una modalidad ya vieja, de pronto se puso de *moda* entre este tipo de delincuentes al volante.

Lo mismo conviene no aceptar dulces ni galletas ni respirar algo que te acerquen ni permitir que al subir el chofer rocíe algún aromatizante ambiental.

Existen diferentes páginas en las que se da cuenta de riesgos, nuevas formas del delito o alertas, como las siguientes:

México Denuncia: www.mexicodenuncia.org
México Evalúa: mexicoevalua.org
Observatorio Nacional Ciudadano: onc.org.mx

Referencias

¿Cómo caminar para evitar un asalto? (2014). *Muy interesante.*

Belli, L. F. (Año 4, 1 (7): 25-34, enero-junio 2013). La violencia obstétrica: otra forma de violación a los derechos humanos. *Revista Redbioética/*UNESCO.

Bucay, J. (2016). *Recuentos para Demián.* México: Océano.

Bucay, J. (2002). *Cuentos para Demián.* México: Océano.

Clarín. (31 de enero de 2014). 10 consejos para generar una contraseña segura en Internet. *Clarín.*

El Universal. (19 de marzo de 2018). Muere mujer que fue baleada en Reforma 222.

Fregoso, J. (30 de julio de 2017). Cómo se (sobre)vive en Ecatepec, la ciudad más peligrosa de México. *Infobae.*

Guerrero, N. (10 de agosto de 2013). Taser, el arma "no letal" que a veces mata. *BBC Mundo.*

Hinojoza, I. (15 de julio de 2017). Los peligros de andar en bici. *El Universal.*

IFAI. (2017). *Blog Derecho Informático.* Obtenido de: http://blog.derecho-informatico.org/publicaciones/datos-personales-2/datos-personales/

INEGI. (2018). *Encuesta Nacional de Ocupación y Empleo.* México: INEGI.

Jerez, D. (2018). *9 consejos para prevenir un ataque sexual.* Obtenido de Actitud Fem: www.actitudfem.com/entorno/trabajo/violadores-en-prision-revelan-como-prevenir-un-ataque-sexual

Llaque, C. (2017). El poder de un grupo de interés o círculo de confianza. *Capital Humano.*

Panorama. (2017). El feminicidio se inventó en México. *Panorama Noticieros.*

RAE. (2018). *Diccionario de la lengua española.* España: RAE.

Secretaría de Salud. (2018). *Modelo de atención a las mujeres durante el embarazo, parto y puerperio.* Obtenido de www.gob.mx/cms/uploads/attachment/file/29343/GuiaImplantacionModeloParto.pdf

Serrano, L. (27 de diciembre de 2012). *11 apps imprescindibles para situaciones de emergencia.* Obtenido de Socialancer.com: www.socialancer.com/11-apps-de-emergencias-imprescindibles/

Trujano-Ruiz, P. (Enero-abril 1997). Prevención de la violencia sexual: una problemática social. *Sociológica*, 183-202.

Univision (11 de mayo de 2017). Esta es la lista de los países más violentos del mundo, y sorprende la posición de México. *Univision Noticias.*

Univision (22 de enero de 2018). Con 70 asesinatos por día, 2017 se convierte en el año más sangriento en México desde 1997. *Univision Noticias.* Obtenido de www.univision.com/noticias/asesinatos/con-70-asesinatos-por-dia-2017-se-convierte-en-el-ano-mas-sangriento-en-mexico-desde-1997.

Anexos

A continuación se presentan los modelos para varios materiales de apoyo en favor de tu autoprotección. Se presentan como anexos, para que sirvan como guías; pueden personalizarse, para adaptarse a diferentes grupos o situaciones, y complementarse con tus propias aportaciones.

Anexo 1. Mis números de seguridad

Nombre	Teléfono	Referencia
Como le dices a la persona	Celular y fijo	De dónde lo conoces, ¿vive cerca?...
Policía local	55-55-55-55	Policía del sector, muy cercana
Mamá	55-55-55-55-55	Llegaría en 15 minutos

Anexo 2. Mi círculo de confianza

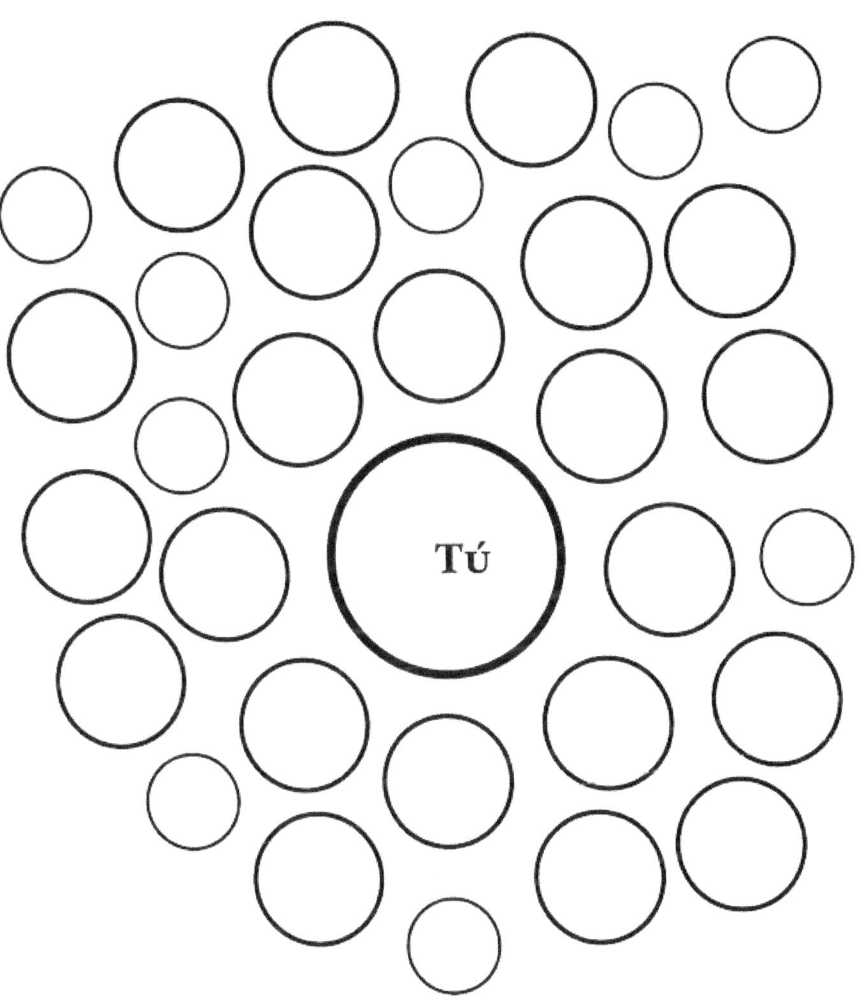

Anexo 3. Mapa de mis redes sociales

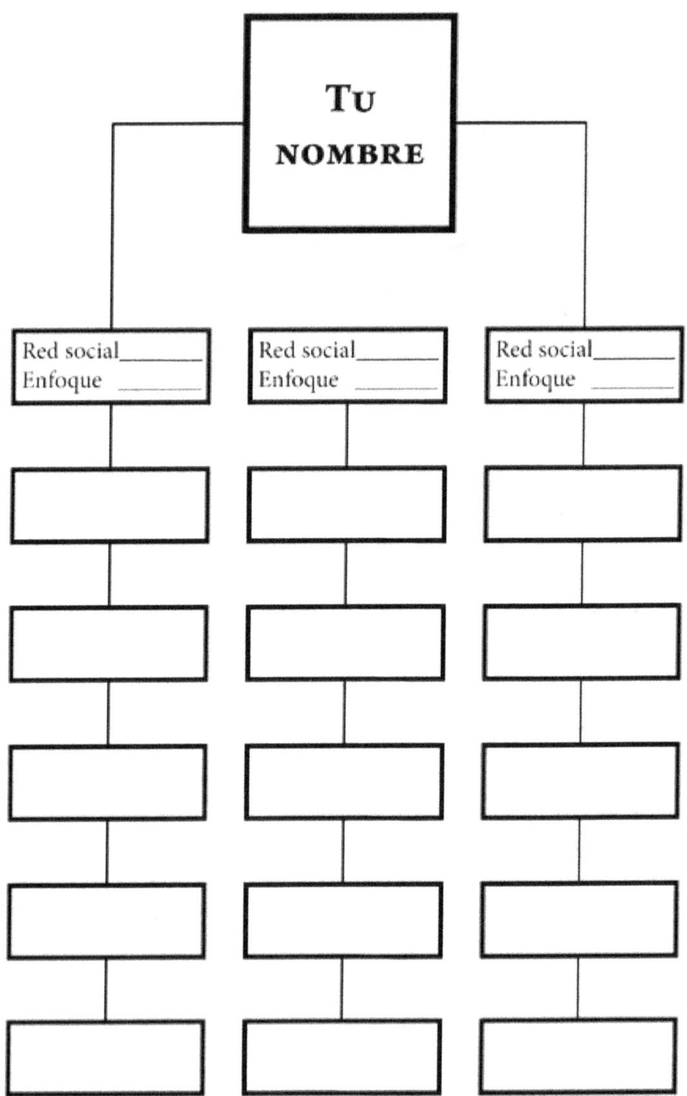

Anexo 4. Lista de cotejo de seguridad en casa

CATEGORÍA	LISTO
Puertas con chapas de seguridad	
Puertas en buenas condiciones	
Ventanas seguras y con buenas cerraduras	
Cortinas en ventanas y puertas	
Contacto con vecinos	
Instalaciones de gas y luz verificadas	
Exteriores de la casa iluminados	
Árboles exteriores bien podados	
Puertas de cuartos con chapas y llaves	
Se puede ver el exterior sin ser observado	
Instalación de interfón	
Luces de seguridad y lámparas con pilas	
Machete bajo la cama	
Teléfonos de seguridad a la mano	
Armas legales a la mano	

Anexo 5. Lista de cotejo de seguridad en el auto

CATEGORÍA	LISTO
Seguro de cobertura amplia	
Tarjeta de circulación	
Licencia de conducir vigente	
Afinación reciente	
Alineación y balanceo	
Cinturones de seguridad en buen estado	
Silla de bebé en buenas condiciones	
Limpio	
Sin cosas dentro (tentaciones para un robo)	
Chapas seguras y en buen uso	
Maletero ordenado y limpio	
Maleta de herramienta	
Llanta de refacción en uso	
Espejos en su lugar y en funcionamiento	
Reglamento actualizado	
Fantasmas en caso de accidentes	

6. Páginas de proyectos pro mujeres

Proyecto	Página web
Pro Mujer	mexico.promujer.org
Pro Mujer	promujer.org
Fundación Origen	www.origenac.org
ONU Mujeres	www.unwomen.org
Fundación para la Dignificación de la Mujer IAP	www.fdm.iap.org.mx
Fundación Ana Bella	www.fundacionanabella.org
Asociación para el Desarrollo Integral de Mujeres Violadas AC	www.adivac.org
Casa Semillas	www.semillas.org.mx
Instituto Nacional de las Mujeres (México)	www.inmujeres.gob.mx
Consejo Estatal de la Mujer y Bienestar Social del Estado de México	cemybs.edomex.gob.mx
Instituto de las Mujeres del Distrito Federal	www.inmujeres.cdmx.gob.mx
Ya Basta de Violencia	www.yabastadeviolencia.com
Fortaleza IAP	www.fortaleza.iap.org.mx
Fundación Tamar	www.fundaciontamar.org
Defensa Personal Femenina	www.defensapersonalfemenina.com

Anexo 7. Mis consejos para otros adolescentes

Consejo 1. _______________________________________

____

____

____

____

____

____

Consejo 2. _______________________________________

____

____

____

____

____

____

____

Consejo 3. _______________________________________

____

____

____

____

____

____

Consejo 4. _______________________________________

____

____

____

____

____

____

Consejo 5. _______________________________________

____

____

____

____

____

____

Consejo 6. _______________________________________

____

____

____

____

____

____

____

Consejo 7. ___________________________________

____

____

____

____

____

____

Consejo 8. ___________________________________

____

____

____

____

____

____

Puedes enviarlos a: danielzetinaescritor@gmail.com

Una en cada tres mujeres puede sufrir de abuso y violencia durante su vida. Esto es una abominable violación de los Derechos Humanos, pero continúa siendo una de las pandemias más invisibles y poco reconocidas de nuestro tiempo

NICOLE KIDMAN

Daniel Zetina

Ciudad de México, 1979. Escritor, tallerista y editor. Inició su carrera en Cuernavaca, Morelos, donde creció. Estudió la Licenciatura en Letras y la Maestría en Producción Editorial en la UAEM. También cursó un año de Derecho (UNADM) y estudió para guía Montessori de adolescentes (AMI). Ha publicado géneros literarios y periodísticos en diferentes medios. Actualmente vive en Querétaro, donde ejerce sus oficios y cría a su hija. En 2019 lanzó la colección de sus 20 libros más importantes hasta entonces, en poesía, cuento, novela, ensayo, minificción, manuales y antologías. Su columna *Un escritor en problemas* se publica todos los viernes en *La Unión de Morelos*.

Correo: danielzetinaescritor@gmail.com
Facebook y Linkedin: Daniel Zetina
Instagram: danielzetinaescritor
Twitter: @DanieloZetina

Historia
Sello fundado en enero 2019 en la Ciudad de México, que se mudó a Querétaro en 2020.

Misión
Ofrecer servicios editoriales integrales para escritores e instituciones, que se ajusten a sus perfiles y necesidades y materialicen sus potenciales.

Visión
Posicionarnos como una empresa líder en su ramo, ganando y dando prestigio a nuestros clientes en el mundo editorial.

Estilo
Lo que nos hace únicos es la personalización de los servicios enfocados en cada cliente, para que los lectores reciban un producto con calidad y belleza.

¿Quieres publicar tu libro?

Contacto
Ciudad de México
Correo: infinitaeditorial@gmail.com
Facebook: www.facebook.com/Infinita-277143776291823/
Instagram: infinitaeditorial
Twitter: @infinitaeditor

INFI
NITA

Atenta
Manual de autoprotección integral para mujeres

en su tercera edición, se trabajó
en febrero de 2021, en el taller de
INFINITA en la ciudad de Querétaro,
México. Se publica al mismo tiempo
como e-book e impreso